上一堂思辨國文課

Critical thinking and democracy
in language and literature classes
A Swedish perspective

瑞典扎根民主的語文素養教育

吳媛媛——著

Contents

第二章　讀文學會讓我們成為更好的人嗎？

第三章　用語言探究語言

【推薦序二】

抓緊你的語文「紅線」，為你帶來人際的「紅盤」

宋怡慧──新北市丹鳳高中圖書館主任．作家

從翻開這本書到闔上頁扉，筆盒中的螢光筆、紅筆、便利貼，無論是筆墨或是紙張，幾乎被我用罄。作者的台瑞國文課細膩的觀察，讓我不只讀來暢快，也頗有省思與觸發。首先，作者提到瑞典在訓練學生閱讀與寫作時，都要有一條「紅線」當準則，確保句段之間的邏輯性與關連性，甚至，學生寫份作業可能要花數小時去爬梳現象，審慎訂題，串聯文句，編織成文，這樣嚴謹地訓練，而且是刻意練習，都是為了讓學生未來無論是口語表達抑或是寫作，都能言之有物、言之有序。老師的教學致力提升學生讀解、邏輯和表達力。最有新意的是，高中生必須練習採用不同「主義」的視角來看待文本，作者說：「這就像是戴上不同眼鏡，你可以隨時戴上、拿下，精準地用不同主義來進行文本分析與批判，進行自己的

觀點論述。」

在書中我也觀察到：瑞典課綱十分看重口語表達，一如安迪・沃荷（Andy Warhol）曾說：「在未來，每個人都會聞名於世十五分鐘。」如何在最短的時間，不只能透過口語表達培養公民素養，也讓自己在未來職場生活，帶來人際的紅盤，這種從課堂延伸到未來人生的訓練，才是真正的「素養」。作者同時也提醒我們：修辭學的原點還是心和心的連結，最好的修辭學是發自於內心的真情至性，它勝過任何華麗的詞藻與寫作技巧，這點讓我讀來心有所感，也十分認同寫作最終還是要回到文真，而非文美的追求。

瑞典的語文教育落實教學評三合一，老師會把各項學習目標標誌不同的顏色，在出題時確認題目設計確實反映學習目標，藉此提醒學生：自己須要加強補足的知能。考試並非分數的競逐，是協助每位學生在每個學習目標上「達標」，讓學生透過在非文學類型的讀寫訓練，快速理解大量訊息，習得閱讀能力，進行組織性地轉化，清晰表達正確資訊或自身觀點，這樣精準的策略和循序漸進的訓練，不僅能扎實地提升語言的表達能力，也能奠定公民素養的基礎。

同時，特別認同書中提到：在每次寫作業前，老師提供學生適合該作業「工具庫」的鷹架搭建，它是促發學生有完整能力可以自學的奠基。這是老師在進行教學評的操作，最醍醐灌頂的建議。至於，瑞典課綱認為每科老師必須有意識地提供學生讀寫的機會，共同承擔提升學生讀寫能力的使命，這樣集體共創讀寫教育的新思維，讓我也十分認同與欣羨。

瑞典高中的國文課分成三門，分別以非文學類文體、文學、和學術類文體為主，這樣的安排是全方位讓學生有能力接受高等教育。我看到：瑞典學生在文學課堂上寫的作業多以文學評析為主，他們強調「分析」必須有所依據，做出的評論，才能說服他人信服，看來文學鑑賞能力，也是瑞典國文課必備的「標配」。

書中提到：如果你漂流至無人島，你想帶著哪一本書？雖然是大哉問，卻也是把文學帶到每位學生生命的重要養成。當學生離開國文課，他願意主動閱讀，體會文學之樂，這是瑞典國文課讓我最感動的地方，作者說：「他們期待學生高中畢業了，也能一輩子以文學為樂。」這似乎也透露著：文學像是氧氣，看似不存在，卻是人人都需要它，依賴它。

教育是百年大計，它無法速成，沒有捷徑，從語文的「紅線」開始的瑞典語文課，最終培養出熱愛文學、懂得表達、熱愛人群的全球公民，若說，他山之石可以攻錯，我相信：未來台灣語文課的躍進仍是有空間可以再繼續向前的。

【推薦序二】

讓台灣的語文教育和國際接軌

劉定綱—奇異果文創總監・奇異果版高中國文課本發行人

在《上一堂思辨國文課》中，吳媛媛老師詳細幫我們介紹了瑞典的國語文教育的現狀，從課綱、上課方式與考試，都有完整的系統性與配套內容的介紹。源此，幾乎可以拿整套瑞典的國語文教育和台灣的國語文教育做對比。

有趣的是，瑞典的國文教育區分為語言領域與文學領域，其中，語言領域是高一與高三的課程，文學則是高二的課程。高一和高二的課程是所有高中職生都需要修習的，高三的語言領域則是只有升大學的學生才需要修習。把語文與文學分開，對於我們理解國語文教育有什麼樣的幫助呢？

在台灣108課綱的施行過程中，很多人認為課綱中的國文科實踐的是「去中國化」或強調公民素養，取代以往文言文為主的士大夫教育。但是這樣的誤解，其實忽略了108課綱的核心意義，在於幫助台灣的國語文教育能夠和國際潮流接軌。

透過本書，我們可以發現瑞典的國語文教育經驗並不獨特，這其實是西方語文教育的傳統下自然而然形成的架構。台灣面臨的狀況是：以往想像的國語文教育受到兩種傳統的影響，一是從日本延伸到戰後國民政府的國語教育，一是中國的古文教育；這兩種教育模式在台灣結合，變成難以打破的迴圈。從日本到國民政府的「國語教育」重點在於語言的標準化。所以追求正確的形、音、義，甚至遇到疑義時知道要去查教育部字典，都是我們在標準化的語文教育所培養的習慣。而中國的古文教育重視人格的養成、士大夫價值的自我認同，以及中國的抒情傳統，而抒情傳統更多表現在文學上。來自日本經驗的「正確」，跟來自中國經驗的「抒情」結合起來，變成台灣現在運作的國文課教育。

在這個想像裡，文學和語言是無法分開的。我們今天所熟悉的國文課內容，選文之前還有題解作者，介紹文章的社會脈絡與審美意義，然後在文章的研讀過程中，除了文學性外，同樣重要的是形音義的正確性。這些教學內容變成考試的形式之後，就會變成對「正確」的追求，不管是抒情詮釋上的正確，抑或語言文字上的正確，「正確答案」是我們以往國文科訓練的重點。

這些年隨著大考模式改變，寫作與閱讀理解變成國文科考試的主流，但是考試方式的改變並沒有改變我們想像國文科的基本樣態。對於國文科的既定想像不變，就會使得我們在邁向核心素養教育，甚至邁向強調自主行動、溝通互動、社會參與的課綱要求時，產生很多自我衝突的地方。

吳媛媛老師的《上一堂思辨國文課》可以讓我們思考：如果語言和文學其實是完全不同的領域，而這兩個領域所追求的目標也不一樣的話，是否能夠幫助我們打開台灣國文科教育想像上的一些死結呢？

首先，瑞典國文教育的其中一個特色，是對語言能力的刻意練習。我們一般想像語言能力是來自閱讀，來自頻繁使用就能自然學會，然而瑞典的語言教育其實大量設計了刻意練習的部分。當台灣的教育現場仍透過所謂大量閱讀來尋找擁有天分的學生，或是家裡能夠支援大量文化資本的學生時，瑞典教育的重點始終放在一般學生如何增進語言能力。因為學生不見得有天分，所以需要刻意練習，這跟台灣認為只要多看、多讀就會開竅，有天分自然就會的想像完全不一樣。語言能力之所以重要，是因為現代民主社會有大量資訊是以語言進行，這些都跟切身權益、跟公共政策有關，若要投入社會參與，就需要有相應的進入公共領域的語言能力。

另外，在寫作教學的刻意練習上，瑞典的語文老師會十分強調文章的邏輯結構。他們的老師有個說法：「你的紅線掉了。」來表示文章的邏輯脈絡失衡。有趣的是，瑞典的高中會先從非文學寫作開始刻意練習。非文學寫作的重點不在於提升文學涵養，而是為一般性的語言表達能力打底。比如從摘要開始練習，進而理解一篇文章的文字意圖；論述時保持客觀，不涉入主觀意見；並且在閱讀多篇文章之後，開始試著練習寫調查報告、議論文和深度報導文。將非文學和文學的寫作練習區分開來，是非常棒的設計，因為兩種文類所要求的文章特點和能力是完全不一樣的。非文學的文章要求客觀的理解，文學的文章要求創意與抒情，將兩者分開，對於我們今天想像台灣的寫作教育其實也有很大幫助。

語言的刻意練習，重點在讓接受高中教育的瑞典人，能夠擁有參與公共領域的基本閱讀、議題理解及發表的能力。發表的能力除了聽說讀寫，也包含如何客觀理解資料、如何找出論點、如何透過媒體識讀來確認資料的可靠性，這些都是基本訓練。文學的訓練就不一樣了，文學的訓練重點是讓學生能夠掌握詮釋的可能性，能夠試著用自己的觀點詮釋文學作品。而且，因為文學訓練並沒有高度與升學壓力掛勾，所以反而讓很多瑞典人在接受完文學教育後，儘管沒那麼全面，卻能讓他們有終身閱讀的樂趣，相對之下，台灣的國文科讀了大量文學作品，後續能把文學興趣帶到出社會的人卻少之又少。

當我們將語言跟文學分開時，可能會產生一些效果：第一，我們可以把語言當成語言來描述，也就是可以客觀化描述語言；第二，可以發現今天所謂標準化的語言，是經歷了長久語言政策的產物。加入歷史脈絡的觀察，很多對於語言的刻板想像就可以解放出來。比如標準化的語言和母語之間並不是衝突的，強調母語教育並不意味著取代標準化語言；再來也可以注意到語言的使用上，有很多性別、階級、族群等，種種權力關係的考量。當我們把語言當成對象來看待，這些權力關係就會浮現出來。

將語言跟文學分開，能幫助語言成為客觀對象，而這也對於解放文學有同樣效果。我們的文學想像始終受制於語言能力，我們習於使用現代標準華文，在閱讀華文文學作品時，就能夠充分體會到作者想要表達的東西。但如果閱讀其他國家的文學，或是一樣是台灣的內容，但是是使用台語文、日語或原住民語等書寫時，我們可能會感到出現理解上的困難。但是如果能把文學獨立出來，我們可以理解到：其實文學表達的是人類的普遍經驗。文學的重點在於人物、情節、故事，以及人在各種處境中的張力與掙扎。這些經驗在世界各個角落，不管以何種語言書寫都可能呈現類似的東西，重點是讓讀者有機會使用特定的評論立場，進入到文學作品裡，並深入理解其中的情緒和人性。文學可以是普世的，語言可以是客觀的，這是我們可從瑞典經驗中學習到的東西。對於台灣國語文教育的進步與解放，到底能帶來多大的衝擊，讓我們拭目以待。

【推薦序三】

你願意再給國文課一次機會嗎？

歐陽立中｜Super教師．暢銷作家

這也許是你熟悉的國文課堂：翻開課本，作者頭像迎面而來。老師嫻熟地順著課本編排，講起「作者介紹」和「課文題解」。你還沒來得及讀文本，就先被爆了雷。但不打緊，也許對有些人而言，快速得到考試標準答案，遠比品味文學來得重要。接著老師來到「課文內容」，你認真做起筆記，邊翻看國文講義。長久以來的課堂訓練，讓你幾乎是本能反應，迅速標註出「字義比較」：「微」在文言文有哪些用法呢？然後，你聽見老師教起修辭：「互文」和「錯綜」差別在哪呢？最後，這篇課文美在哪，你很朦朧；倒是課文哪句會考，你如數家珍。

當然，在新課綱的推行下，著重學生的「自學能力」和「批判思考」，國文課堂也將漸漸呈現不同的風景。只是，要老師們已然定型的教學，全面改頭換面，自然是一大挑戰。有些老師適應得快，摸索出一套新教法；有些老師跟不上，把新課綱當新瓶，繼續裝著自己過時的教法。

不是老師們不願意改變，而是改變後該怎麼教？不是學生討厭國文，而是他們不知道會這些能幹嘛？吳媛媛的新書《上一堂思辨國文課》，正好為我們的國文教育注入一股活水。

在這本書中，媛媛以瑞典國文教育為參照，以實際教學案例來佐證，帶我們回頭反思自己的國文課堂，老師可以怎麼教？學生可以學什麼？

像是媛媛提到，瑞典國文教育重視「文脈可視化」，老師不斷提醒學生，不管在閱讀或寫作時，都要把「紅線」抓好。「紅線」指的是前後文意的承接和推移。具體落實在課堂的作法是，老師帶學生畫「心智圖」，以及練習使用「連接語意」工具。很多時候，我們都以為閱讀是本能，反倒納悶怎有學生不會閱讀呢？閱讀在我們眼裡稀鬆平常，對學生而言卻舉步維艱。如果只是要他多閱讀，而不懂怎麼教他讀，那無異是治標不治本。

另外一個書裡讓我非常震撼的點是瑞典的文學教育。相較我們國文不管哪一種文本，都一定有考卷。但瑞典的文學教育沒有考試，因為他們認為讓學生為了準備考試而接觸文學，違背了文學的本意。對於瑞典教育而言，學生能自主解析欣賞文學作品，並從中得到閱讀樂趣，遠比考一百分來得更重要！因此，媛媛感慨地說：「瑞典文學課意圖給學生一個起點，而台灣的文學課想給學生一個完結，恨不得把古今精髓打包，做成一顆維他命，再用考試確認學生吸收了養分。」這樣的結果不僅影響學生的閱讀胃口，也反映在書市，暢銷書總是理財和心靈主題，文學著作則是敬陪末座。

翻開這本書，看看瑞典國文教育，回頭想想我們自己。不是因為外國的月亮比較圓，而是當我們願意敞開胸懷去欣賞和思考，就會發現原來夜空不只月亮，還有繁星點點、還有樹影斑駁、還有流螢輕舞，還有無限可能……

前言
瑞典和台灣國文科課綱比較

在過去當學生的生涯中，我從來沒有很深刻地去思考，所謂的「國文」課，這個每個國家的義務教育中都理所當然存在的重要科目，它的目的是什麼？應該教什麼？我自己又想學什麼？

直到我為了進修瑞典語，在成人學校上了瑞典高中的國文課，後來又在瑞典從事教學工作，體驗了許多在教學方法和教學內涵上的碰撞後，才漸漸意識到語文教育的本質問題，並且開始萌生強烈的興趣。這一切，其實都是從一個非常單純的心境開始：「要是我當初在國文課上有學到這些就好了……」

在本書中，我將以瑞典和台灣的高中國語文課綱為基礎，從我自己的經驗出發，去探索那些曾經讓我驚喜、反思、成長的片刻，並且做一個系統性的呈現。

我想先強調三點：一、我並不認為瑞典的國語文教育在所有層面上都優於台灣。本書的重點是在定位和比對兩者之間的差異，從中找出可以豐富台灣教學經驗的補充材料。二、我並不認為瑞典的國語文教育和其他國家比較起來有明顯的獨特性，事實上瑞典的國語文課綱繼承西方語文教育的傳統，和大多西方國家的同質性很高，我在此書以瑞典為例，只是因為我剛好有機會在瑞典體驗和觀察教學現場，希望提供一個案例供台灣參考。三、我雖然參考了目前台灣和瑞典的國文課綱，也訪問了兩地正在任教的國文老師，但是在書寫過程中主要是以自己上國文課的經歷為出發點。二十多年前在台灣上國文課的經驗，和現在的教學現場一定會有差距，許多書中提到的瑞典做法，現在台灣的教師也已在實行。在意識到這一點的前提下，我仍然選擇以自身角度去體會和刻劃兩國學校對語文教育在宗旨、結構和大環境上的不同，以傳達更個人、深切的反思，其中如有盲點或野人獻曝之處，也請讀者包涵。

瑞典國語文課綱簡述：語言和文學雙核心

在瑞典國語文課綱的第一句話就說明，瑞典語文科有兩個核心，一是語言，二是文學。語言是人類思考、溝通和學習的主要工具。而文學（包含戲劇、電影等語言成分較高的文藝作品），則是人類更深刻探究自我，與他人以及世界產生連結的媒介。其實語言和文學雙核心的做法並不特殊。在美國，英文課課綱中的語言素養部分叫做「語藝」（Language Arts），語藝和文學比重相當。在英國，英文課課綱的一大重點是溝通素養（Communicative competence）。在誕生於瑞士的ＩＢ國際文憑（International Baccalaureate）課綱中，包含科學、數學、社會、藝術，和兩種語言科目，一是外語習得，一是針對母語的「語言和文學研究」。除了文學素養之外，培養學生高度的母語溝通能力，都是這些課綱是對「國文課」的共同期許。

【教學目的】

一、語言領域

學習運用語言進行理解、統整、說明、說服、思辨、批判。奠下學生未來工作、求學、以及自我成長、建立社群關係、參與民主所需的語言能力。

二、文學領域

透過純文學和文藝作品的欣賞和創作，探究自我和他人的經驗、思緒、認知和世界觀。刺激學生接觸新的想法和視角，並從中觀察全體人類的共同經驗。

【教學內容】

瑞典各科課綱在詳列學習內容的時候，通常會以「學生應該得到充分的機會演練以下要點」為開頭。他們不說這些是「學生應該要學會的要點」，而是教育者應該要給學生充分練習的要點，換個視角，感受也有微妙的不同。國語文老師在教學活動中應該給予學生充分的機會演練以下要點：

一、語言領域

- 認識加強說服力的修辭學理論，應用該理論草擬口語和文字表達。
- 閱讀非文學／非虛構（應用、紀實、報導、議論、科普、學術）文體；分析文章結構和語言風格；解讀文意，並用口語或文字摘要、統整、檢視文章內容和修辭。
- 查找、統整、檢視資料。
- 練習摘要文、調查報導文、議論文、學術文體的書寫結構和格式。
- 媒體與資訊素養：認識媒體產業，分析媒體的內容和修辭，認識智慧財產權，瞭解媒體科技為語言和社會帶來的革新和挑戰。
- 口語練習：在充分準備的情況下用口語面對群眾發表，以及在群眾當中討論、辯論。

- 和同學互相檢視和批評彼此的文字和口語表達，透過他人批評和自我檢視查找表達上的錯誤或缺失，以及不適當的修辭。
- 理解瑞典語的歷史來源、結構和發展，解析語言和社會、文化、政治的關係。

二、文學領域

- 閱讀瑞典海內外、男性和女性作家創作的重要文學作品，包括戲劇和電影。
- 認識不同時期的文學、文藝類型和其風格特性。
- 運用基礎文學分析工具，分析文學作品的形式和內容。
- 透過生死、善惡、戰爭等主題比較不同時代、地域、類型的作品，從中體認人類生命體驗的差異和共通性。
- 探索文學和社會脈動的互動關係。例如文學和社會思潮如何互相影響。
- 瞭解詮釋和評價文學作品的多重可能性和主觀性。
- 採用馬克思主義、後殖民主義、女性主義或比較文學等視角分析文學作品。

三、綜合領域

- 提升學生對語言的自信，享受聽說讀寫的樂趣，激發對文藝的興趣。
- 接觸多元文本類型，並且和學生自身的經驗、興趣做連接。
- 在不同場合進行口語和文字的交流和發表，體驗建設性的參與。

除了以上的知識要點以外，瑞典《教育法》也明定，「知識」和「價值」是瑞典國民教育必須同等重視的兩大教學任務，而價值則是建立民主基礎上，包括自由、平等、個人的完整性（integrity）等。學校全體教員，包括國文老師，都有責任引導學生質疑、批判，練習發聲、參與，培養未來公民在民主社會上需要的知識和態度。

台灣108國語文課綱的三大學習內容和重點學習表現

【學習內容】

1.「文字篇章類」因字而生句，積句而為章，積章而成篇的基礎語言能力。

2.「文本表述類」區分和應用記敘、抒情、說明、議論等多元的文本表述方式。

3.「文化內涵類」認識文本所蘊含之文化意義及文本與人類之物質、社群及精神文化的關連性。能關照不同的社會及文化議題。

【重點學習表現】

學習表現分為「聆聽」、「口語表達」、「閱讀」與「寫作」四個類別。此外也配合108課綱三大核心素養：「自主學習」、「溝通互動」與「社會參與」，透過國語文教育發展思辨與自學能力，奠定終身學習的基礎。並融入性別、人權、環境、海洋等十九項議題，提升面對議題的責任感與行動力。

其實，台灣108國語文課綱和上述瑞典的國語文課綱，在理念上有很多相近和重疊的地方。這些教學內容，有許多是擷取自聯合國教科文組織

（UNESCO）、國際經濟合作發展組織（OECD）等國際組織在研究現代社會脈動後所提出的「核心素養」（core competence）框架。在這個快速全球化的時代，各國課綱的核心越來越接近，將是自然的趨勢。

在相似的核心素養上，瑞典國語文教育的教學傳統卻有許多和台灣很耐人尋味的不同之處，我把這些有趣的地方匯集到本書三個篇章當中。希望這本教學實例的集錦，能為現在的學校師生，也為和我一樣走過填鴨教育的大人們，提供一套更鮮活的補充讀物。

第一章

語文能力的刻意練習

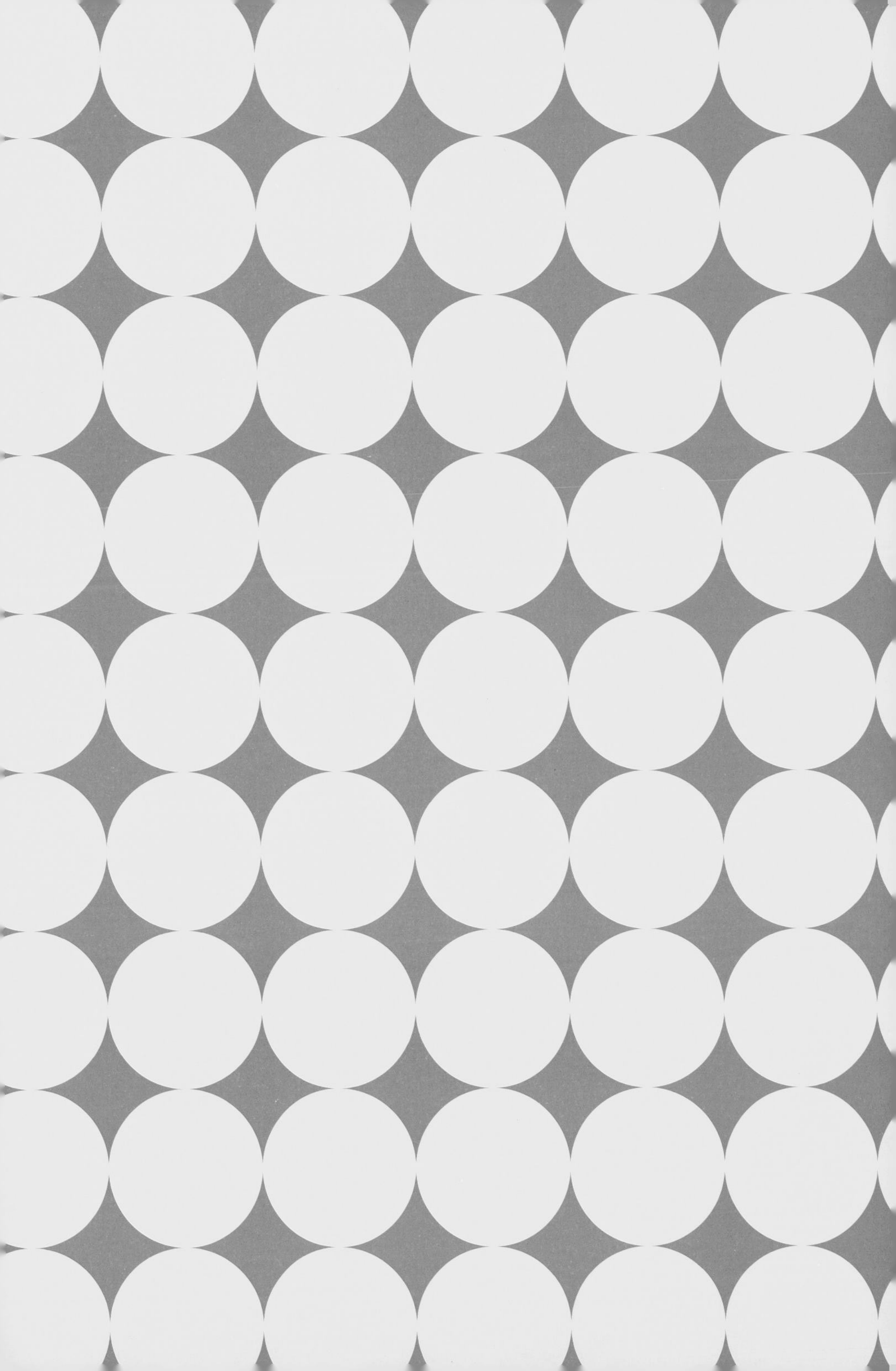

文學如同音樂、視覺等藝術，都是文化的載體，對人類文明具有重大意義，然而文學相對於音樂和美術，有一個很大的不同點，那就是基礎語文能力的不可忽視性。試想，一個人就算不認識音譜、不會彈奏樂器、不懂得色彩和構圖，仍然可以正常運作，然而基礎語言文字的運用，在個人生活和群體社會上都會造成極大的影響。因此文學和語文是一定要分開來的兩個重要科目。

運用語文有點像是料理，有人對美食更有天分和熱情，而成為主廚或饕客。然而只要透過足夠的練習，每個人都能學會做最基本的家常菜，並且瞭解人體需要的營養、檢視各種食材的來源等等。如果說文學是對味覺的究極追求，那麼語文就是基礎料理和食育相關知識，在每天生活中扮演的功能不容忽視，而且是人人都可以習得的。

近年來「刻意練習」這個詞彙很有名，提出這個概念的作者們指出，想要精進一項能力，正確、有恆的練習比與生俱來的天賦還來的重要。在我看到瑞典學校怎麼幫助學生們演練語文溝通能力時，常常覺得和「刻意練習」的宗旨不謀而合。在第一章，我將分享瑞典國文老師如何用非文學類（知性文）教學活動，引導學生演練從基本到進階的語文能力。

01 你的紅線掉了！——文脈和結構的可視化

當國文老師遇到文脈結構沒有條理的文章，到底要怎麼和學生解釋問題癥結，總是讓老師傷透腦筋。我發現瑞典的國文老師常常用視覺化的方式讓學生掌握文章結構的概念。從小學開始，瑞典學生就學習在寫文章的時候要把「紅線」抓好，從頭到尾都不能斷掉。

文體課本和寫作課本——對國文課本的另一種想像

一般想到國文課本，台灣學子腦海中的印象大多是一課一篇文章的文選集結，而我對國文課的想像也根植於這樣的課本形式。因此瑞典不同的課本形式很直接地挑戰了我對國文課的想像。

瑞典高中沒有指定的教科書，有的老師選擇用教科書出版社為老師集結的文選課本，也有的老師不用教科書，根據課綱自己編選材料。不過，卻有兩種國文教科書對國文老師和學生都十分重要，那就是「文體課本」和「寫作課本」。文體課本系統性地介紹高中國文課綱中包含的各種文體，非文學類（和「知性文」的概念類似）有：摘要、調查／學習報告、議論、報導、科普文章、學術文章、修辭學分析和文學分析等。文學類（「情意文」）則有：詩歌、散文和小說。這類課本的主旨是在介紹各種文體的定義、體裁、用途，以及在閱讀和書寫時要注意的事項。這本課本貫穿高中三年的國文課，通常在學校的圖書館有大量的庫存讓學生隨時借閱，不需要購買。

非文學寫作——循序漸進的刻意練習

台灣 108 國語文課綱的三大學習內容當中，包含了「文字篇章類」——

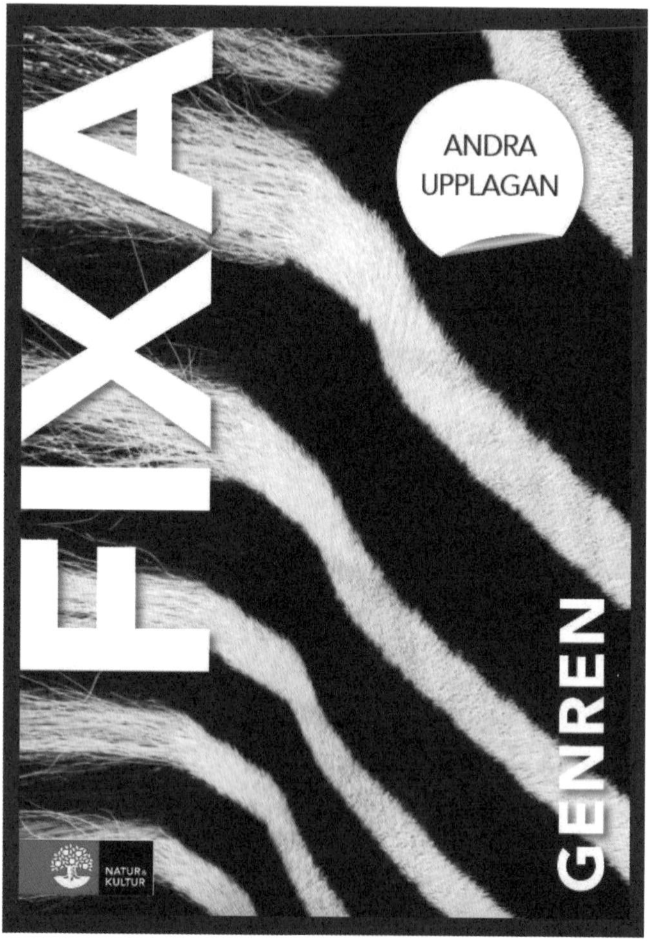

瑞典高中國文課的文體課本。
（圖片來源：Sahlin, P. & Stensson, H. (2015). *Fixa genren*. (2. uppl.) Stockholm: Natur & Kultur.）

文體課本目錄，一共介紹高中三年會接觸到的 11 種文體。
（圖片來源：Sahlin, P. & Stensson, H. (2015). *Fixa genren*. (2. uppl.) Stockholm: Natur & Kultur.）

因字而生句，積句而為章，積章而成篇的基礎語言能力；以及「文本表述類」——區分和應用記敘、抒情、說明、議論等多元的文本表述方式。第二項文本表述類，和文體課本的用意不謀而合，而第一項文字篇章類，在瑞典國文課上主要是以非文學類的文體進行循序漸進的刻意練習，坊間有許多寫作課本根據課綱為老師設計了多樣的寫作練習和詳細嚴謹的評量標準。

非文學類閱讀寫作練習的目的並不是提升文學涵養，而是奠下語文的理解和表達能力。一般學生先從寫摘要文開始練起，學習如何嚴謹地閱讀、整理、節錄一篇文章，這考驗著學生理解文字意圖，還有始終保持客觀、不涉入任何主觀意見的能力。接下來，學生的閱讀量增加，必須在消化和同一個議題有關的多篇文章後，練習寫調查報告（investigative text），調查報告分為：一、命題；二、彙整資料和事實、呈現不同立場和意見；三、總結。學生以寫摘要的能力為基礎，還要加上比較和呈現不同的立場的能力，寫調查報告時學生還是不能有自己的感想，所有的結論或建議都必須透過事實呈現。此外，正確引用資訊也是一大重點，在寫作時，只要是從其他來源獲得的事實和想法，都必須要妥當註明出處。

然後，學生以上述的能力為基礎，進一步練習議論文（argumentative text）和深度報導文（reportage）等等。寫議論文時學生想像自己在公共論壇上表達己見，必須從頭到尾立場明確，引用正反論據，有條理地表達己見，打動讀者。寫深度報導時，學生想像自己是記者，必須從各種角度呈現一個事件或議題，藉此喚起社會的關注和反響。如此循序漸進，訓練學生理性的思考和表達，並且對自己的意見負起責任。

和文學類的抒情、創意寫作比起來，寫非文學類文章是相對嚴謹而枯燥的，比方說練習摘要文的時候，必須要在閱讀長文後充分理解內容，並萃取其最核心的內容，還要確實註明引用來源，這對許多學生來說是非常吃力的任務。但我發現這就像騎腳踏車一樣，有些人能很快抓到訣竅，騎得又快又好，也有些人協調和平衡感比較差，會吃比較多苦頭，然而只要不斷練習，人人都能學會騎單車這個終生受用的技能。掌握了基本技能之後，再漸漸處理更大的資訊量、更複雜的議題，騎著單車上山下海，從酒駕防治到消逝的少數語言，各種主題的閱讀和寫作，帶來更多的智識激盪和樂趣。

然而，引導程度較落後的學生練習寫作，就像是教協調性和平衡感較差的人騎腳踏車，是非常吃力的，往往就算說破了嘴，不會騎還是不會騎。我想每個當過國文老師的人都曾經在改作文的時候搖頭興嘆，不知道學生為何無法理解題目指示，或無法意識到行文當中的邏輯矛盾。面對這樣的學生，瑞典老師致力於提供更清楚明確的目標框架，讓學生理解需要加強的地方，加上反覆練習，終會有所進步。在這個章節，我將介紹幾個瑞典老師手把手帶著學生找到訣竅的例子。

文脈的可視化：躍於紙上的色線和色塊

記得我在上瑞典高中國文課的時候，班上有個同學很會模仿我們的老師。他常常學老師指著同學的作文，搖著頭說：「你這裡紅線斷了！」學得維妙維肖，每次都讓大家哈哈大笑。

當國文老師遇到文脈結構沒有條理的文章，到底要怎麼和學生解釋問題癥結，總是讓老師傷透腦筋。我發現瑞典的國文老師常常用視覺化的方式讓學生掌

瑞典高中國文寫作課本。
（圖片來源：Eklund, C., & Rösåsen, I. (2018). *Formativ svenska 2*. Stockholm: Liber AB.）

握文章結構的概念。從小學開始，瑞典學生就學習在寫文章的時候要把「紅線」抓好，從頭到尾都不能斷掉。這條「紅線」就是前後文意的承接和推移，作者要確保每一個句子和句子之間，段落和段落之間具有承上啟下的關係，不能橫空飛來一句不相關的話，也不能唐突變換話題。

把紅線抓緊有兩個步驟，第一是在寫作文之前先整理思緒。在這個步驟，老師會請學生畫一張「心智圖」，把腦海中想到的要點都攤開來，然後整理排列這些要點，確定內容不脫離核心。第二，就是把這些要點串連起來，這時學生要學習使用各種連接語意的工具，這些工具包括了連詞（此外、儘管、然而、只要⋯），副詞（偏偏、幸虧、竟然⋯），介詞（根據、除了⋯）。還有常用的短句，比方說「首先」、「其次」、「從另一個角度來看」、「這意味著」、「換句話說」、「根據以上陳述的事實」、「總而言之」等等。老師在給學生一個寫作作業前，通常會提供學生一個適合該作業的「工具庫」（連接語意的詞句庫），讓學生從中挑選應用。

不只是寫作，在閱讀文章的時候，也得一直意識紅線的存在，老師常常用幻燈片將文章投射在白板上，和學生一起用紅筆畫線並圈出文中那些用來連接語意的工具。此外，同學們也要交換閱讀對方寫的文章，互相檢查和討論紅線有沒有斷，如果斷了，要怎麼接起來？

每個學生的資質、家庭環境都不同，班上總有一些學生已經從家庭和成長經驗中獲得了較高度的語言能力，抓著紅線對他們來說可以說是輕而易舉，甚至是理所當然的事，而這樣的學生基本上就不需要老師過度操心，也不需要過度嘉獎。老師可以花更多心思在那些更需要的孩子身上。

抓紅線的練習從瑞典小學開始，直到高中甚至大學，「抓緊紅線！」仍是老師常對學生耳提面命的一句話。而到了高中，學生們也多少都具備了承接文句和段落的能力，準備好進入更深入、複雜的閱讀和寫作練習。

以閱讀為本的寫作練習

閱讀和寫作就像手心手背，是同等重要的，必須要有足夠的資訊輸入，才能充分練習整理和表達等輸出能力。不斷增加學生必須解讀的文字量和資訊量，是提升寫作能力的必要條件。拿本書附錄中的瑞典全國考試閱讀寫作題為例，考試時間一般是四到五個小時。學生必須先閱讀多篇中長文章，如果無法消化理解閱讀材料當中的文字，就無法寫出內容充實、舉證得當的文章。尤其是高三的國文課，這門課只有計畫升大學的學生需要選修，為了確認學生具備大學教育必須的語文能力，期末考試要求學生在寫作之前閱讀十篇以上文章。每年舉辦全國期末考試時，總有學生邊寫邊哭，或是緊張到嘔吐。

在查找資料方面，我注意到瑞典老師一般會指定學生要閱讀參考的材料，而不是讓學生自己上網查資料。一方面這類練習的宗旨並不是訓練學生如何查找資料，而是訓練閱讀和寫作，一方面使用指定材料才有可能進行更細膩而有效率的批改和指導。瑞典坊間有很多課本為老師整理收錄可以當作閱讀寫作材料的優質文章，教育部也提供免費的報章資料庫讓老師們查詢選用適合的文章。

拿我自己上課時寫過的一篇調查報告練習為例，老師給了我們四篇文章，第一篇是瑞典數據局對國內酒駕現況和趨勢的整理和探討，第二篇是瑞典酒駕防治法規的沿革，其中提到酒駕防治有兩個面向，一是懲罰一是預防，預防方面包括提高酒的稅率，也提高餐飲業申請販酒牌照的價格和難度。第三篇是餐飲業協會針對這些預防措施提出的反論，第四篇是關於酒稅和販售牌照價格提高後，酒駕趨勢的變化。寫作題目要求學生在仔細閱讀所有材料後寫一篇調查報告。我高中的時候花了不少時間念國文，還去補習班補國文，但是我不記得我是否曾經花過數個小時，去爬梳一個現象，訂下一個命題，然後把思緒和事實串聯成文句，編織成文章。

在民主社會裡，每個國民都有瞭解政治、參與討論的義務，也常常必須處理和吸收複雜的資訊和文字。這些資訊其實不見得很深難，只是需要一點耐心和技巧去仔細爬梳。而要養成這樣的耐心和技巧，沒有比循序漸進的閱讀練習更好的方法了。

詳細的寫作要求和緊密配合課綱的學習目標

我也注意到，以往在台灣寫作文，題目往往就是一個標題，也許加上一段說明描述。而瑞典國文課的寫作題，在除去閱讀內容後也常有兩頁以上，詳列了對文體、格式、內容的要求以及評分標準。此外，為了讓學生的寫作能力能依循明確的學習目標成長，國文老師們在出題、批改時必須有意識地和學習目標緊密配

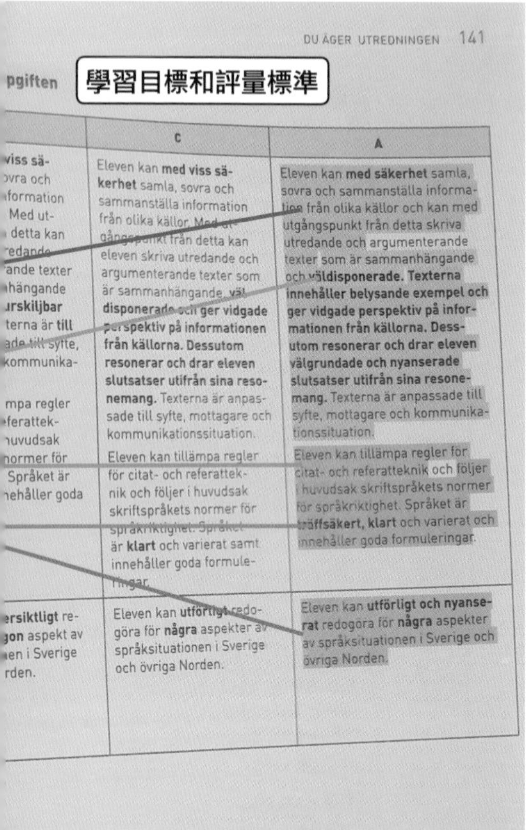

DU ÄGER UTREDNINGEN　141

	C	A
…viss sä-… sovra och …formation … Med ut-… detta kan …redande …hängande …terna är till …ade till syfte, kommunika-	Eleven kan **med viss säkerhet** samla, sovra och sammanställa information från olika källor. Med utgångspunkt från detta kan eleven skriva utredande och argumenterande texter som är sammanhängande, **väldisponerade** och ger vidgade perspektiv på informationen **från källorna. Dessutom resonerar och drar eleven slutsatser utifrån sina resonemang.** Texterna är anpassade till syfte, mottagare och kommunikationssituation. Eleven kan tillämpa regler för citat- och referatteknik och följer i huvudsak skriftspråkets normer för språkriktighet. Språket är **klart** och varierat samt innehåller goda formuleringar.	Eleven kan **med säkerhet** samla, sovra och sammanställa information från olika källor och kan med utgångspunkt från detta skriva utredande och argumenterande texter som är sammanhängande och **väldisponerade. Texterna innehåller belysande exempel och ger vidgade perspektiv på informationen från källorna. Dessutom resonerar och drar eleven välgrundade och nyanserade slutsatser utifrån sina resonemang.** Texterna är anpassade till syfte, mottagare och kommunikationssituation. Eleven kan tillämpa regler för citat- och referatteknik och följer i huvudsak skriftspråkets normer för språkriktighet. Språket är **träffsäkert, klart** och varierat och innehåller goda formuleringar.
…ersiktligt redo-…gon aspekt av …en i Sverige …rden.	Eleven kan **utförligt** redogöra för **några** aspekter av språksituationen i Sverige och övriga Norden.	Eleven kan **utförligt och nyanserat** redogöra för **några** aspekter av språksituationen i Sverige och övriga Norden.

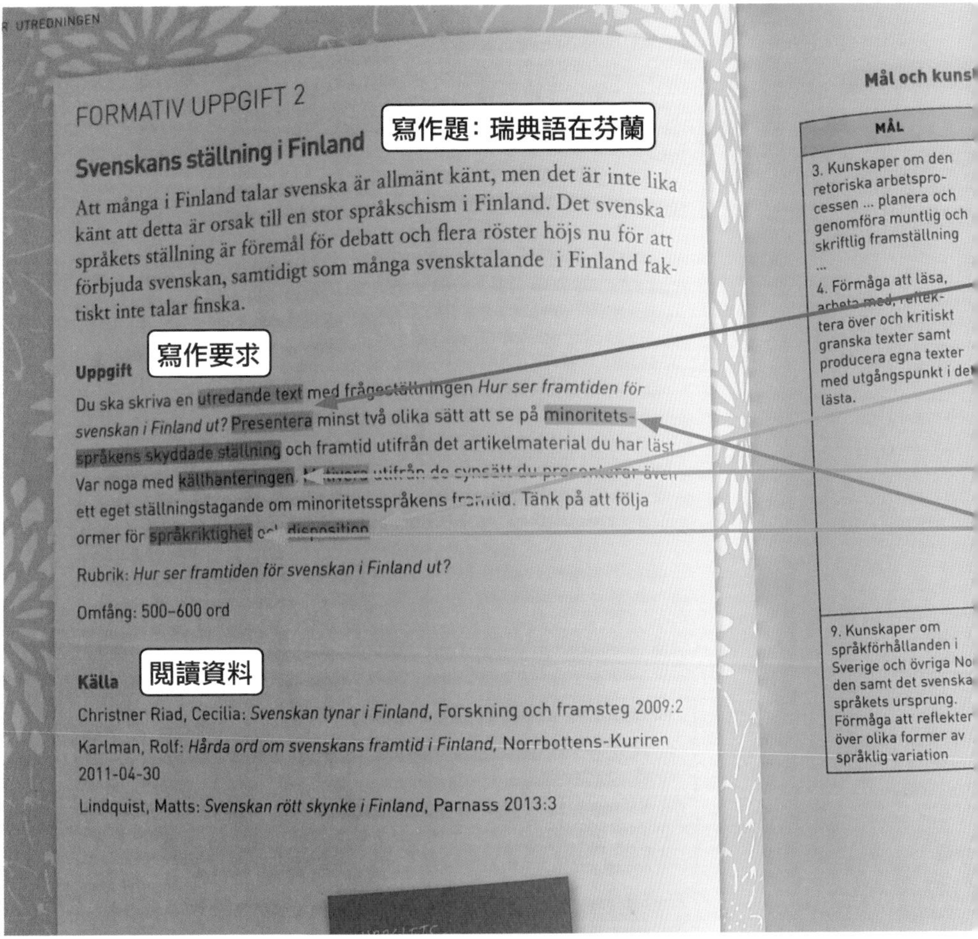
UTREDNINGEN
FORMATIV UPPGIFT 2
寫作題：瑞典語在芬蘭
Svenskans ställning i Finland
Att många i Finland talar svenska är allmänt känt, men det är inte lika känt att detta är orsak till en stor språkschism i Finland. Det svenska språkets ställning är föremål för debatt och flera röster höjs nu för att förbjuda svenskan, samtidigt som många svensktalande i Finland faktiskt inte talar finska.
寫作要求
Uppgift
Du ska skriva en utredande text med frågeställningen Hur ser framtiden för svenskan i Finland ut? Presentera minst två olika sätt att se på minoritetsspråkens skyddade ställning och framtid utifrån det artikelmaterial du har läst
Var noga med källhanteringen.
ett eget ställningstagande om minoritetsspråkens
Tänk på att följa
ormer för språkriktighet
Rubrik: Hur ser framtiden för svenskan i Finland ut?
Omfång: 500–600 ord
閱讀資料
Källa
Christner Riad, Cecilia: Svenskan tynar i Finland, Forskning och framsteg 2009:2
Karlman, Rolf: Hårda ord om svenskans framtid i Finland, Norrbottens-Kuriren 2011-04-30
Lindquist, Matts: Svenskan rött skynke i Finland, Parnass 2013:3
MÅL
3. Kunskaper om den retoriska arbetsprocessen ... planera och genomföra muntlig och skriftlig framställning
...
4. Förmåga att läsa,
tera över och kritiskt granska texter samt producera egna texter med utgångspunkt i det lästa.
9. Kunskaper om språkförhållanden i Sverige och övriga
den samt det svenska språkets ursprung. Förmåga att reflekter över olika former av språklig variation

寫作課本用標色的方式，確保寫作練習的要求確實反映課綱中的學習目標。
（圖片來源：Eklund, C., & Rösåsen, I. (2018). *Formativ svenska 2*. Stockholm: Liber AB.）

學習目標和評量依據

學習目標	E（及格）	C（良）	A（優）
調查報告寫作			
習得計畫和呈現思路的文字修辭能力 習得閱讀、反思、批判文字內容的能力，並以閱讀為出發點衍生自己的寫作內容。	文章命題引言符合題旨	文章命題引言符合題旨	文章命題引言符合題旨
	學生能蒐集、化約、彙整來自不同來源的資料。	學生能蒐集、化約、彙整來自不同來源的資料。	學生能蒐集、化約、彙整來自不同來源的資料。
	以此資料為憑據，學生能寫出有連貫性，並且具有結構的探討文章。	以此資料為憑據，學生能寫出**連貫有條理，論點完整，並且有清楚結構**的探討文章。	以此資料為憑據，學生能寫出連貫有條理，論點完整，並且有清楚結構的探討文章。**前後段落的連結和分佈合理通順**。
		學生能適時引用資料來源，並提出適當的結論。	學生能適時引用資料來源，**舉例得當**，並提出**準確**的結論。
	學生能依照目的，受眾和場合選擇恰當的語言用詞。語言清楚可理解。	學生能依照目的，受眾和場合選擇恰當的語言用詞。語言清楚通順，**並具多樣性**。	學生能依照目的，受眾和場合選擇恰當的語言用詞。語言清楚通順，具多樣性，**表達精准**。
	學生能使用正確的引用和節錄格式。	學生能使用正確的引用和節錄格式。	學生能使用正確的引用和節錄格式。
議論文的評量標準和調查報告文大致相同，並加入以下項目			
	學生能在命題引言部分提出合理的立論（立場），使用有憑據的論點支持該立論。	學生能在命題引言部分提出合理的（立場），使用有憑據的論點支持該立論，**全文保持立論的一致性**。	學生能在命題引言部分提出合理的（立場），使用有憑據的論點支持該立論，**全文保持立論的一致性，能提出並有效地推翻反論**。

合。一個常用的方法是把各項學習目標標上不同的顏色，在出題時確認題目設計確實反映學習目標上的所有項目。而這麼做的原因，也是為了幫助學生瞭解需要加強補足的部分。

在批改方面，就以上學習目標和評量標準當中的描述，可以看到這類練習對用詞的要求是以合理、準確為主，優美的文辭並不是非文學類寫作的重點。老師將學生達成學習目標的部分標上顏色，這樣學生更能一目瞭然，確實掌握須要加強哪些方面。比方說下圖是一篇得到 E 的學生作文範例。可以看到在五個寫作要求當中，學生只達到兩個（兩種顏色），因此有很大的進步空間。

記得我在寫瑞典文作業的時候，總覺得這些寫作練習綁手綁腳的，不但寫作過程枯燥耗神，寫出來的文章也沒什麼文采韻味可言。但是後來當我更頻繁地閱讀瑞典報章，才瞭解到，在忙碌的現代生活中，如果我們希望讀者停下腳步來看自己的文字，聽自己說的話，就有義務用最有組織、最好吸收的方式表達資訊或觀點。此外，能在規矩方圓之內清楚表達，也表示學生真的對資訊和觀點做了透徹的理解和思考。

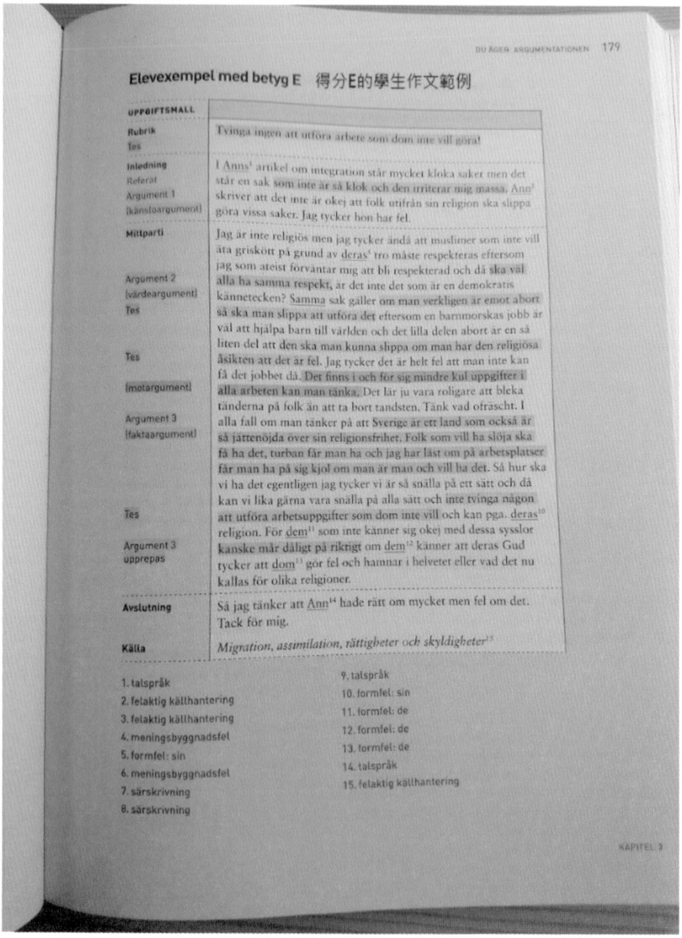
DU ÄGER ARGUMENTATIONEN 179

Elevexempel med betyg E 得分E的學生作文範例

UPPGIFTSMALL	
Rubrik Tes	Tvinga ingen att utföra arbete som dom inte vill göra!
Inledning Referat Argument 1 [känsloargument]	I Anns[1] artikel om integration står mycket kloka saker men det står en sak som inte är så klok och den irriterar mig massa. Ann[2] skriver att det inte är okej att folk utifrån sin religion ska slippa göra vissa saker. Jag tycker hon har fel.
Mittparti Argument 2 [värdeargument] Tes Tes [motargument] Argument 3 [faktaargument] Tes Argument 3 upprepas	Jag är inte religiös men jag tycker ändå att muslimer som inte vill äta grisköt på grund av deras[5] tro måste respekteras eftersom jag som ateist förväntar mig att bli respekterad och då ska väl alla ha samma respekt, är det inte det som är en demokratis kännetecken? Samma sak gäller om man verkligen är emot abort så ska man slippa att utföra det eftersom en barnmorskas jobb är väl att hjälpa barn till världen och det lilla delen abort är en så liten del att den ska man kunna slippa om man har den religiösa åsikten att det är fel. Jag tycker det är helt fel att man inte kan få det jobbet då. Det finns i och för sig mindre kul uppgifter i alla arbeten kan man tänka. Det lär ju vara roligare att bleka tänderna på folk än att ta bort tandsten. Tänk vad ofräscht. I alla fall om man tänker på att Sverige är ett land som också är så jättenöjda över sin religionsfrihet. Folk som vill ha slöja ska få ha det, turban får man ha och jag har läst om på arbetsplatser får man ha på sig kjol om man är man och vill ha det. Så hur ska vi ha det egentligen jag tycker vi är så snälla på ett sätt och då kan vi lika gärna vara snälla på alla sätt och inte tvinga någon att utföra arbetsuppgifter som dom inte vill och kan pga. deras[10] religion. För dem[11] som inte känner sig okej med dessa sysslor kanske mår dåligt på riktigt om dem[12] känner att deras Gud tycker att dom[13] gör fel och hamnar i helvetet eller vad det nu kallas för olika religioner.
Avslutning	Så jag tänker att Ann[14] hade rätt om mycket men fel om det. Tack för mig.
Källa	*Migration, assimilation, rättigheter och skyldigheter*[15]

1. talspråk
2. felaktig källhantering
3. felaktig källhantering
4. meningsbyggnadsfel
5. formfel: sin
6. meningsbyggnadsfel
7. särskrivning
8. särskrivning
9. talspråk
10. formfel: sin
11. formfel: de
12. formfel: de
13. formfel: de
14. talspråk
15. felaktig källhantering

KAPITEL 3

寫作課本批改給分範例。
（圖片來源：Eklund, C., & Röskåsen, I. (2018). *Formativ svenska 2*. Stockholm: Liber AB.）

比較瑞典和台灣課綱對「文體」的描述，會發現台灣的非文學類文體只分為「議論文」和「說明文」，而瑞典的非文學類文章則依照其寫作場合和用途，分得更多元細膩。此外，比較瑞典和台灣在課堂上閱讀的文章，會發現台灣選文十分偏重文學類，而且高中三年在篇幅和難度上的差距較少，而瑞典則包含更多非文學類文章，並且高中三年間對閱讀力要求的增長非常明顯。

而在寫作動機上，瑞典課堂盡量避免學生為了寫作文而寫作。寫作的題型不外乎是預設學生要投稿報章不同欄目，或是針對學生會、工會、社區議題提出的辯論文等等。非文學類的寫作有很強的實用性質，學校課堂上的練習，都是讓學生做好未來在公眾場域上和他人進行討論、辯論的準備。因此此類寫作練習，也是殿下公民素養的重要基礎。

延伸思考例題

一、找出文章中的紅線

1. 任選一篇非文學類文章作為練習對象，先歸納出段落大意，用紅線畫出文章的脈絡，並圈出文中那些用來連接語意的詞句。你覺得作者的文章架構清楚易懂嗎？段落之間的連結和分布合理通順嗎？有沒有什麼可以改進的地方？

2. 和同學交換閱讀對方寫的文章，互相檢查和討論紅線有沒有斷，如果斷了，要怎麼接起來？

二、寫作考什麼？怎麼教？

3. 台灣大學入學考試中心公布的測驗說明中，對國寫考題提供了以下評分原則。

Q3：國語文寫作能力測驗表現描述是什麼？

A3：國寫成績通知單中，將提供考生各題所得成績所對應的表現描述。格式略如下述：

等第	「知性的統整判斷」 **表現描述**	「情意的感受抒發」 **表現描述**
A	能精確掌握題旨，善用各種材料加以拓展發揮，思考深刻，論述明確，結構嚴謹，文辭暢達。	能精確掌握題旨，發揮想像，構思巧妙，體悟深刻，結構完整，情辭動人。
B	大致能掌握題旨，取用相關材料加以論述，內容平實，結構平穩，文辭平順。	大致能掌握題旨，略能發揮想像、抒發情感，結構尚稱完整，文辭平順。
C	敘寫不盡符合題旨，材料運用未盡允當，缺乏己見，結構鬆散，文辭欠通順。	敘寫不盡符合題旨，情意浮泛，結構鬆散，文辭欠通順。
0	空白卷，或文不對題，或僅抄錄題幹。	空白卷，或文不對題，或僅抄錄題幹。

（出自〈學科能力測驗國文考科考試說明－111 學年度起適用〉）

如果你是學生，你對這些表現描述有什麼發現或是疑惑？你希望老師如何幫助你達到更好的寫作表現？

如果你是老師，你希望考試中心或教育單位如何從這個評分原則出發，輔佐老師達到更好的教學？

（本例題由建國中學國文教師吳昌政提供）

02 打動人，而不是打倒人的修辭學

說服人的藝術，在於把槓桿支點放在施力最小、效果最大的地方。要做到這一點，學生必須仔細思考自己的訴求，並且試著理解他人的需求和情感，因此修辭學也可以說是一門結合理性和感性的學問。

說服人的藝術：修辭學

中文的「修辭」一詞通常指的是譬喻、擬人、排比等語文表現手法，然而「修辭」這兩個字也可以用來翻譯「Rhetoric」一詞，在本書以「修辭學」這個詞做區分。

修辭學是一門鑽研如何說服別人、打動人心的學問，也是西方智識傳統中很重要的一環。今天瑞典學生們在課堂上練習的修辭學原理，可以追溯到古希臘亞里斯多德的著作《修辭學》。

瑞典高中每一年的國文課當中，都包含了一些和修辭學有關的教學內容。而對語文有興趣的學生，還可以再另外選修三門語文進階課程，分別是「文學」、「寫作」和「修辭學」，由此可窺見修辭學在瑞典語文課堂上扮演著相當重要的角色。

以下是每個瑞典高中生都要學習的幾項修辭學基本原則：

增強說服力的三個要素

一、**人格**（Ethos）：發言人的信譽。信譽可能來自於個人的德性（例如忠厚誠實）、權威（有經驗或是有學識的專家）、立場（和聽眾站在同一邊）等等。

二、**情感**（Pathos）：在情緒上獲得聽眾的共鳴。

三、**邏輯**（Logos）：運用有力的證據和縝密的推理提高可信度。

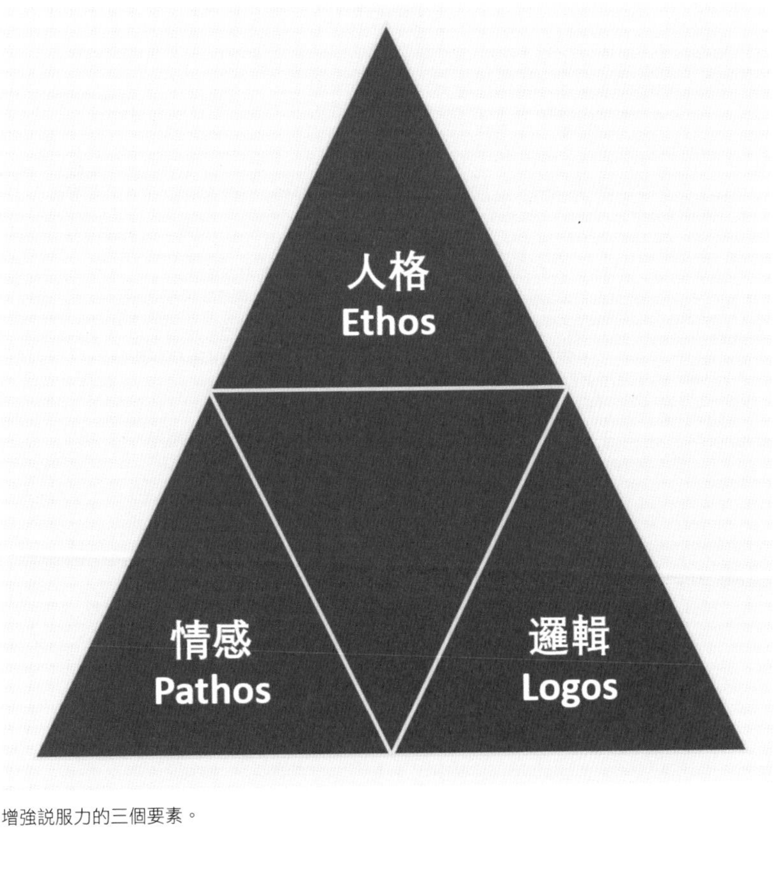

增強說服力的三個要素。

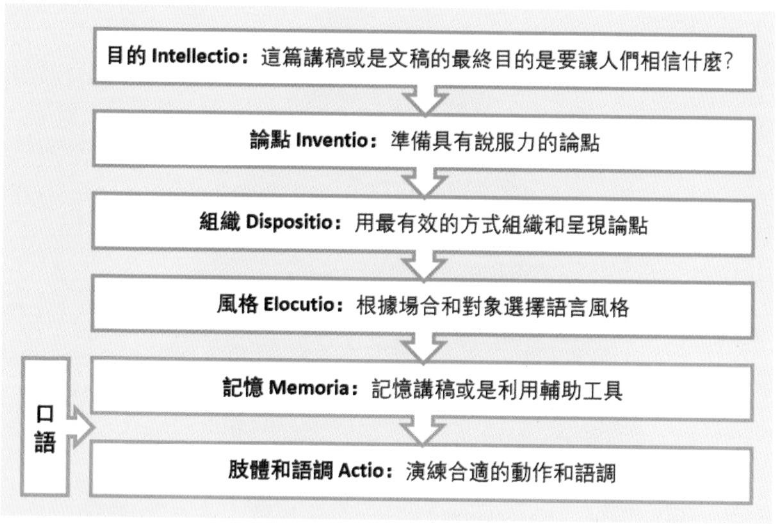
目的 Intellectio：這篇講稿或是文稿的最終目的是要讓人們相信什麼?
論點 Inventio：準備具有說服力的論點
組織 Dispositio：用最有效的方式組織和呈現論點
風格 Elocutio：根據場合和對象選擇語言風格
記憶 Memoria：記憶講稿或是利用輔助工具
肢體和語調 Actio：演練合適的動作和語調
口語

籌畫修辭的六步驟。

籌畫修辭的六步驟

1. **目的**（Intellectio）：這篇講稿或是文稿的最終目的是要讓人們相信什麼？
2. **論點**（Inventio）：準備具有說服力的論點。
3. **組織**（Dispositio）：用最有效的方式組織和呈現論點。
4. **風格**（Elocutio）：根據場合和對象選擇語言風格。
5. **記憶**（Memoria，**口語**）：記憶講稿或是利用輔助工具。
6. **肢體和語調**（Actio，**口語**）：演練合適的動作和語調。

其實高中階段學習的修辭學並不深難，演練要點不外乎是「曉之以理，動之以情」等等，在漢文化中也都找得到的智慧，甚至看起來像理所當然的常識，然而西方修辭學自成一個體系，長久下來發展出一套「心法」，便於學習和應用。同時，這套心法除了拿來加強自身的表達能力以外，也可以作為分析他人修辭的重要工具。當學生認識了說服人的藝術，在面對各式資訊轟炸時，就能保有一定程度的批判力，避免過於輕易地被說服。

修辭學的刻意練習

在學生開始草擬自己的文章或講稿之前，會先練習分析其他人的修辭，分析對象包含歷史上有名的演說，例如美國非裔民權運動領袖馬丁・路德・金恩的〈我有一個夢想〉，或是瑞典政治人物在國會的提案，另外也包括瑞典王子的婚禮演講、我們周遭的各種宣傳廣告等等。學生像是拿著放大鏡，把每一個字句拆解開，按修辭原理歸納，並且提出**批判性**的心得。

「修辭分析文」（Rhetorical Analysis）是瑞典國語文課綱中重要的非文學類文體，這種文體的用詞必須正式而理性，結構分為（以分析演講為例）：1. 引言：簡述演說的背景，講者是誰？受眾有哪些？講者的目的是什麼？2. 分析：分析講者運用的修辭要素（人格、情感、邏輯）和論點，還有講者的語速、語調和肢體語言。推論以上各項對受眾可能帶來什麼樣的效果。3. 總結：講者達到目的了嗎？有沒有更好的論點？更好的呈現方式？

此類分析文在瑞典的媒體也時而可見。例如瑞典國會在進行法案投票之前，

瑞典國會辯論現場。
（攝影：Melker Dahlstrand。圖片來源：瑞典國會網站 www.riksdagen.se。）

各政黨的代表人會上台說明其政黨支持或不支持該法案的理由。當涉及特別重要的法案時，這些演說常常成為媒體注目的焦點，許多報章會針對演說內容進行修辭學分析，給各個政黨發言人的表現打分數。

另外一個很常見的練習，是給學生幾個不同的主題，並請學生想想如何在最短的時間內、最有效地說服他人？這個練習也叫做「電梯演說」。試想，如果你想說服的人剛好和你一起搭乘電梯，在有限的時間內，你會如何表達自己？有個很有名的教科書例子，是一句鼓勵大家去投票的話：「如果你不發聲，別人就會利用你的沉默。」

說服人的藝術，在於把槓桿支點放在施力最小、效果最大的地方。要做到這一點，學生必須仔細思考自己的訴求，並且試著理解他人的需求和情感，因此修辭學也可以說是一門結合理性和感性的學問。

對修辭學的省思

在重複演練修辭學法則的同時，這門課的另一個學習重點，是讓學生意識到修辭學可以用來說服人，自然也可以用來誤導人。現在我們每天都被廣告、政見、媒體報導當中的修辭包圍著，正因為如此，更亟需理解修辭，也瞭解越會運用修辭學的人，並不代表他說的話就越真確。換句話說，修辭的功能是打動人，但不能讓一個人說的話成為真理。另外，修辭也有品質優劣之分，過度煽動情感，或神化發言人品格的說服方法，往往經不起考驗。

拿公共論壇的討論為例，現代社會的各種爭議複雜多元，在不同價值和意識形態之間拔河，鮮少有黑白分明的是非對錯，結論往往落在多種立場之間的灰色地帶。在這樣的情況下，運用能夠深化、優化溝通的修辭就特別重要。除此之外更關鍵的是，意識到沒有人能為「真理」代言，因此討論的最終目的並不是在駁倒對方，而是在往來對話中讓對方和聽眾更加瞭解自己的想法，並從中打動更多的人。

不是「打倒」對方而是「打動」對方

台灣人在公私場合討論特定議題時，如果有不認同對方的地方，往往會以現場的氣氛為重，也許委婉指出，也許不置可否。但是來到瑞典，常常看到瑞典人在各種場合，很自然地向對方提出異議，這總是讓我不禁冒冷汗。我想很多台灣人到異鄉都有類似的經驗。

然而我發現，這兩種文化的區別，並不完全是由於我們比較含蓄，他們比較直接，而更是源於對「表達不認同」這件事的觀感。在台灣，公然否定對方是一個很「不客氣」的行為，會破壞氣氛甚至傷及感情，但是對瑞典人來說則不是什麼大問題。

為什麼會產生不同的觀感呢？我認為可能是出於對「議論」的不同想像和姿態。在瑞典，議論的目的是表達自己，打動旁人。在台灣，議論的目的更常常是壓制對方，取得勝利。因此在台灣的公共論壇，我常感到很濃的煙硝味，有時甚至隱隱覺得各方與其是討論議題，更耽溺於「論戰」的快感當中，在討論中仗著知識或口才互相「打臉」。

瑞典有很多電視議論節目，此類節目內容也常常成為學生練習書寫「修辭分析文」的題材。而這些節目與其說是呈現各方激辯論戰，可以感受到他們更致力於反映不同立場，並且促進交流和理解。

瑞典電視台的辯論節目，其中有一集讓我印象很深刻。這一集的主題是討論毒品使用的除罪化，在正反兩方除了政治人物，也包含了在最前線的教師、警察、醫師和父母。在反對除罪化的一方，包括一名因為用藥過度而失去女兒的媽媽，述說她的女兒如何從使用大麻開始踏入第一步，逐漸打開接觸更多毒友、毒販、毒品的大門，因此她不能想像如果將法律這道門檻也移去，會造成多少傷害。

在贊成的一方，有一名醫生則是長年看著被藥癮控制的孩子，因為「病人」和「犯人」的雙重身分，而造成在診療上的種種限制，導致他們不斷在邊緣來回掙扎。他也不斷重申，除罪化不是非黑即白的問題，他提倡的並不是完全的除罪化，而是調整現有的法律，減少醫療復健和刑法程序之間的矛盾。而在節目結束前，學校老師也大力呼籲，避免孩子接觸毒品，法律不是唯一的解答，給予孩子們參與各種活動的機會，比任何刑罰都來的有效。四十分鐘的節目過後，雖然沒有產生任何「正確答案」，但是觀眾對此議題的認識一定更加立體，也更能體會各方的心情吧。

社會上各種議題如此繁雜，我們不可能一一去深入瞭解，但是一旦受過修辭分析和多元立場的洗禮，察覺到修辭和個人認知的侷限，以後不管面對什麼樣的議題，想必多少會尊重其複雜性，不再輕易做出評斷，或是草率地留下尖酸評論。

這種修辭姿態的不同，似乎也營造了不同的政治文化。我感覺台灣的政黨總是面向著其他政黨，不斷向對方開火。而瑞典的政黨，則多是面向著群眾。他們在針砭其他政黨之餘，更著重於和群眾解釋他們為什麼會採用不一樣的做法，還有這些做法會對群眾帶來什麼樣的影響。

從一堂國文課談到政治文化，我知道我也許扯得太遠了。但是我確信，我們運用「語言」和「修辭」的姿態，對個人之間、世代之間、群體之間的溝通，一定會產生實質的影響。

延伸思考例題

1. 分析台灣各政黨針對同一個議題的公式發言，比較各政黨發言人使用的修辭要素（人格、情感、邏輯）和提出的論點，並且為這些發言人的表現打分數。

2. 你最近曾經因為哪些廣告而對某項產品或服務產生興趣？這些廣告使用了哪些說服人的修辭要素？

3. 如果你只有三十秒的時間，要怎麼說服人們去投票？或是加入健身房會員？或是介紹你自己？

4. 教育部宣布自 111 學年度開始，限制第一節課前的早自習時間，不得要求學生在八點十分前到校，並且禁止在第八節課後輔導安排考試，由學生自主規畫運用時間，消息一出，引發正反兩方的意見。學生代表樂見其成，有部分家長與老師則擔心此舉將造成學生的學力落後，甚至助長選讀私校的風氣，請問你是否贊成此政策？你會如何說服別人，又如何回應／看待另一方的觀點？

（本例題由北一女中國文教師陳嫵卉提供）

03 說話也要學嗎？——聽與說的練習

口語表達是學生無論在職場生活或高等教育都不可或缺的能力，也是公民素養的一環。無論是參加學生會、工會和公民組織，或是和他人討論公共議題，口頭說明、溝通、說服的能力，都是在民主社會中重要的技能。

來到瑞典，我深深感受到演說致詞這件事在西方社會的重要性，幾乎每個重大歷史時刻都有著名人物留下的經典演說。此外，每個人在工作、生活上，都充滿演說、致詞的機會。在瑞典參加婚禮，我最期待的就是聽親友致詞，很多人從受邀的那一刻就開始準備講稿，內容充滿溫情和幽默，讓人聽了又哭又笑。雖然相較之下，台灣沒有同等的演說文化，然而口語表達仍是我們每天在職場和生活中，促進工作效率和人際情感的關鍵。

瑞典的國文課十分看重口語表達，在課綱當中描述：口語表達是學生無論在職場生活或高等教育都不可或缺的能力，也是公民素養的一環。無論是參加學生會、工會和公民組織，或是和他人討論公共議題，口頭說明、溝通、說服的能力，都是在民主社會當中重要的技能。瑞典學校有義務給學生充分的機會演練口語表達。因此在國文科全國考試，除了筆試之外，也一定會考口試。口試的形式又包括可以事先籌備的演說報告，和臨場的討論發言。

籌備任何演說和口頭報告，都得從閱讀和寫作開始，所以演說訓練可以說是整體語文能力的最後一塊拼圖。在前文提到的「修辭籌畫六步驟」當中，前四個步驟是寫作程序，最後兩個步驟：記憶、肢體語言和語調，則是用聲音和肢體來演述文字內容的要領。在演練修辭學分析時，瑞典老師常讓同學看著名演說的影片，請學生分析什麼樣的語調、語速和肢體動作能提升講者的說服力，反之，有哪些肢體語言會降低說服力？

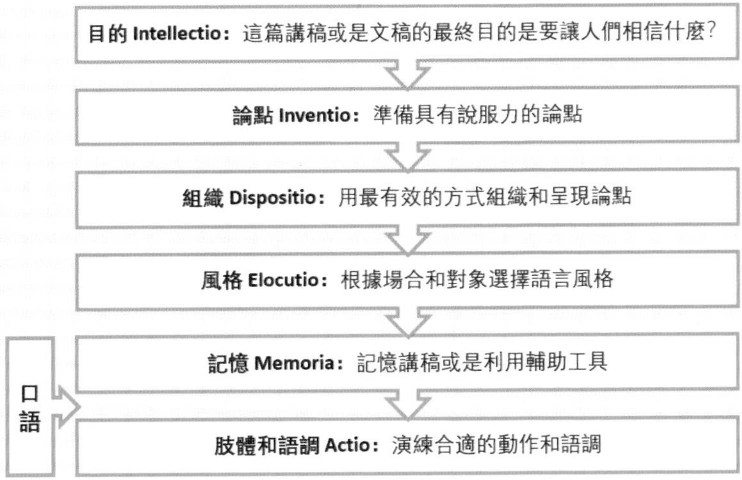
目的 Intellectio：這篇講稿或是文稿的最終目的是要讓人們相信什麼？
論點 Inventio：準備具有說服力的論點
組織 Dispositio：用最有效的方式組織和呈現論點
風格 Elocutio：根據場合和對象選擇語言風格
記憶 Memoria：記憶講稿或是利用輔助工具
肢體和語調 Actio：演練合適的動作和語調
口語

籌備演說的修辭六步驟。

在口試中，除了演說內容本身，學生對自己報告內容的純熟程度、是否能有效利用投影片等視覺工具來輔助自己的記憶並幫助聽眾理解、聲音和肢體運用是否適當等等，都是評量要點。這些細節雖然和內容本身不直接相關，但也是說服、打動人的關鍵。

積極聆聽（Active Listening）

然而在生活中，能事前充分準備內容和修辭的場合有限，我們每天更常遇到的情境，是和身邊的人說明問題、交換意見、共同決定要怎麼做一件事。因此瑞典國文科的期末考，也包含了臨場的討論。一個很普遍的考試方式是先請同學事前閱讀和某個大主題相關的文章，每位同學選擇一個小主題做專題口語報告，五至六個同學為一組，互相聽取對方的報告之後，進行提問和討論。這個考試的最大重點，是評量學生懂不懂得「聽人說話」，也就是積極聆聽的要領。

一個人就算口才再好，如果不懂得聽人說話，也無法達成有效的溝通。積極聆聽的評量要點包括：學生是否能對他人的發言表示興趣，適時給予應答、釐清問題，並且提出具建設性的回饋，換句話說，就是「熱切的聆聽」加上「冷靜的質疑」。一個能針對各種議題侃侃而談的學生，也必須確實練習與他人交流的訣竅，才能取得理想的成績。

在練習時，老師要求學生從同學的演講中提取三個重點：一、講者想要說什麼？（What is being said?）二、是怎麼說的？（How is it said?）三、我聽了之後有什麼感受？（How do I experience the words being said?）在聽完每一位同學的演講後，學生針對講者的修辭和論點提出問題或意見，接著也要在「互評表」上填寫對演說的評價，互評表上通常包含以下問題：

1. 在演說的開頭，講者如何引起聽眾的興趣和注意力？
2. 演說內容的主旨清楚嗎？
3. 講者的演說內容和語言風格適合今天的聽眾和場合嗎？
4. 講者如何結束演說？
5. 演說內容是否提高了聽眾對該主題的興趣，並且想知道更多？

在北歐學校進行的多項研究結果都指出，同儕的即時回饋能大大提高學生的學習和改進意願。

增加感染力的修辭手法

在前文曾經提到，「修辭學」（Rhetoric）和「修辭手法」（Rhetorical Devices / Stylistic Devices）是兩個不同的概念。但是「修辭手法」也是「修辭學」中重要的一環。

修辭手法包括譬喻、排比、呼告等等，跟平鋪直敘的文字比起來，這些手法可以營造不同的意境、節奏、韻律和語言張力，大大豐富閱讀或視聽經驗。而在以**說服人**為主要目的修辭學框架下，修辭手法的主要功能則是讓內容更容易理解，更具有感染力，並且更能引起受眾的興趣和注意力。

在〈我有一個夢想〉這篇講稿中，馬丁・路德・金恩就使用了許多修辭手法。例如，他以「我有一個夢想」這句話來開啟多個段落，就是用「反覆」和

「呼告法」來增強他的演說主旨。

又例如瑞典王子在皇家婚禮上的演說。二〇一〇年，瑞典公主維多利亞和她當時的未婚夫，也就是現在的瑞典王子丹尼爾結婚。這位王子有別於過去傳統，並不是王室出身，而是一般百姓。

瑞典公主維多利亞未來將繼承王位，因此她和丹尼爾王子的皇家婚禮，以及丹尼爾王子在婚禮上的首次公開演說，也受到眾多媒體和民眾的矚目。在皇家婚禮現場有無數來自各國的嘉賓，演說內容和畫面也會在全國和全世界轉播。丹尼爾王子的致詞有許多任務，除了傳達他對公主的情意之外，他也要證明自己是能代表瑞典王室的人選，並向全世界宣傳瑞典和瑞典王室的正面形象。

可以想像這樣的一份講稿，一定是經過不少公關、修辭專家反覆監修的結晶，加上皇家婚禮這個主題也很能引起學生的興趣，所以常被國文老師選為修辭學分析的課題。

丹尼爾王子演說的前半段，把焦點放在「愛」這個字上，描述他和維多利亞公主相戀九年來的緊密關係，並用幾個實例凸顯公主是一個充滿愛、善於付出愛

瑞典王儲維多利亞公主與夫婿丹尼爾王子。
（攝影：Bengt Nyman。圖片來源：維基百科創用 CC 授權〔 CC BY 2.0 〕）

的人。到了中盤，他說：「格林童話中，公主的吻在瞬間將青蛙變成了王子。我雖然不是青蛙，但也正在經歷一個充滿挑戰的巨大蛻變。而讓我蛻變的，除了公主的吻之外，國王和皇后陛下給我們的支持和指引也彌足珍貴。」在這裡，他引用了童話「青蛙王子」的典故，幽了自己一默，也很自然地把話題切換到演說的下一個重點——成為王室一份子的自我期許。

說到瑞典的著名演說，不能不提及瑞典前首相帕爾梅（Olof Palme，1927-1986）。在一八〇〇年代中和一九〇〇年代初之間，瑞典是在歐洲北部邊陲的一個相對貧窮的小國，這幾十年間，有將近一百五十萬個瑞典人為了生活，跳上橫跨大西洋的船隻移民到新大陸，這個數目占當時全國人口的四分之一。

二次戰後，瑞典循社會民主主義推行的社會工程，和戰後起飛的經濟發展加乘，六〇年代到八〇年代的瑞典，成為當時世界上最平等、整體人口生活水準最高的國家之一。然而真正把「瑞典模式」帶到世界眼前，讓現代北歐形象遍及全球的人，非帕爾梅前首相莫屬。

帕爾梅從社會民主主義著重自由、平權的價值出發，積極參與各種國際組織

瑞典文體課本用丹尼爾王子的演講作為「修辭學分析文」的示範。
（圖片來源：瑞典文體課本，Sahlin, P. & Stensson, H. (2015). *Fixa genren.* (2. uppl.) Stockholm: Natur & Kultur.）

和論壇，在世界舞台上挑戰其他的權勢，從侵犯人權的極權政府，到越戰期間的美國當局都是他譴責的對象。他的演說立場堅定、善於運用反襯、錯綜的修辭手法加深聽眾的印象，例如「We are a small country with a big voice. 我們在世界版圖上輕如鴻毛，但是我們說的話重如千鈞。」又例如「曾經，有成千上萬的人遠離瑞典，以他國為家；現在，有成千上萬的人遠離他國，以瑞典為家。」

在談到移民議題時，反移民的修辭常著重於民族榮耀感，以彰顯「我們」與「他們」的對比，而帕爾梅用以上修辭手法，在激起榮耀感的同時，也消弭了人我的界線。

修辭不能帶來真理，在今後，人們還會繼續為了種族、移民等等錯綜複雜的問題，進行一次又一次的議論。但是馬丁．路德．金恩、帕爾梅等人充滿力量的修辭，也會永遠刻劃在人們心中。

前首相帕爾梅發表演說。
（圖片來源：公有領域 Public Domain。《哥德堡日報》gp.se ／ SCANPIX SWEDEN）

瑞典文課本以帕爾梅演說作為修辭學分析練習。
（圖片來源：瑞典國文課本，Sahlin, P. & Stensson, H. (2015). *Fixa genren.* (2. uppl.) Stockholm: Natur & Kultur.）

真誠對待人心，才能打動人心

在介紹修辭手法的作用時，老師也一再強調，修辭手法要用在刀口上，才能取得畫龍點睛的作用。過多的語言綴飾，不但無法增加感染力，還可能讓受眾產生「修辭疲勞」，削弱整體強度。

在我聽過的結婚致詞當中，讓我印象深刻的，是朋友婚禮上的一段友人致詞。這位友人性格木訥，不擅言詞和人際互動。當他敲響酒杯，站起身，拿出口袋中的講稿，可以看出他是鼓起了極大的勇氣。

他的演說很簡單，一開頭他對著新人說：「我很高興成為你們的朋友。認識你們，為我的生活帶來很多快樂。」接著，他描述了幾個他和新人平常相處的平淡故事，在每個故事結尾，他都以「那一天，我感到非常快樂」作結。最後，他說：「謝謝你們帶給我那麼多快樂的時刻，尤其是在今天，看到你們這麼幸福，就是讓我最快樂的事。」當這段平鋪直敘、用詞近乎稚拙的致詞結束時，在場的人都發現自己臉上掛著大大的笑容，新人也紅了眼眶。

也許修辭學的原點，就是心和心的連結。同情共感，真摯表達意見，能勝過任何華麗的手法。

延伸思考例題

一、就某一主題進行閱讀、擬稿並準備約五分鐘的演說。

1. 五到六位學生一組，聆聽並分析同組同學的演講內容：

a. 目的（Intellectio）：這場演說的最終目的是要讓人們相信什麼？

b. 論點（Inventio）：有哪些具有說服力的論點？

c. 組織（Dispositio）：是否用最有效的方式組織和呈現論點？

2. 根據以下問題，評價同學的演說表現：

a. 風格（Elocutio）：是否根據場合和對象選擇語言風格？

b. 記憶（Memoria，口語）：講者對演說內容孰悉嗎？是否利用輔助工具？

c. 肢體和語調（Actio，口語）：動作和語調合適嗎？

d. 在演說的開頭，講者如何引起聽眾的興趣和注意力？

e. 演說內容的主旨清楚嗎？

f. 講者如何結束演說？

g. 演說內容是否提高了聽眾對該主題的興趣，並且想要知道更多？

二、想一想在你的生活中，有哪些場合需要應用演說表達？你認為演說的修辭訓練對你而言重要嗎？為什麼？

（本例題由建國中學國文教師吳昌政提供）

04 網路社會的遊戲規則——媒體和資訊素養

媒體在民主社會有三個主要功能：一是提供資訊，二是檢視公司機關運作，三是充當社會上各個群體發聲的平台。為了讓媒體能充分發揮其功能，國家必須給予媒體完整的新聞自由，並且向媒體和公民公開所有行政文件和紀錄，這種自由給了媒體很大的力量，也表示媒體需要很強的紀律和倫理。

最近幾年來，我和先生都越來越常在學校聽到MIL這個詞，這個詞是「媒體和資訊素養」（Media and information literacy）的簡寫，可以說是現在瑞典學校的中心議題。媒體和資訊素養涵蓋從受眾到發布資訊的所有面向，包括了：

1. 媒體在社會上扮演的角色——新聞自由和新聞倫理
2. 查找、分析、檢視資訊來源
3. 在網路媒體發布資訊和創造內容的基本常識：智慧財產權、隱私權、言論自由、網路禮儀和安全。

新聞自由和新聞倫理

記得在上高中國文課的第一天，老師就帶著我們到圖書館的媒體資料區，讓我們認識瑞典各大報刊媒體，接下來的課程中也頻繁用報刊中的文章作為課題。看得出來瑞典教師對瑞典主流媒體的報導和語文素質都有很大的信心。不只是老師，身邊的瑞典親友也大多都有訂閱新聞報刊的習慣，讀完報導、時事辯論、文化評析後彼此交換感想，是日常會話的一大主題。

媒體在民主社會有三個主要功能：一是提供資訊，二是檢視公司機關運作，三是充當社會上各個群體發聲的平台。為了讓媒體能充分發揮其功能，國家必須給予媒體完整的新聞自由，並且向媒體和公民公開所有行政文件和紀錄，這種自由給了媒體很大的力量，也表示媒體需要很強的紀律和倫理。瑞典在傳統上一直是由同業協會，如媒體倫理協會和記者倫理協會互相檢視和把關業界的紀律，違反以下原則將會受到警告、罰款或是停業等懲罰。

瑞典媒體倫理協會訂立的新聞倫理原則

一、報導應陳述具有社會意義的已知事實，不包含任何臆測。標題、圖像必須符合內容。

二、坦然接受質疑，如果被糾錯，必須立刻改正並公開致歉。如果報導內涉及的人物對報導內容有異議，必須給該人物表達的機會。

三、呈現完整立場，受到批判的一方必須有充足的機會回應批判。

四、如果沒有充分理由，不應該公開犯罪嫌疑、涉案或受害者的姓名、性別、職業、年齡、種族、國籍、宗教、性向等細節。

就單純的新聞事件報導來說，相對於台灣新聞報導，瑞典的報導敘事可以說是味如嚼蠟，內容只包含對大眾具有意義的已知事實，不多說什麼，也不少說什麼。當然，這是基於新聞業界的自我要求，瑞典也存在著許多網路論壇，專門滿足人們想要看戲嚼舌根的欲望。

幾年前，瑞典的一個小鎮上發生了一家四口死亡的罕見悲劇，後來經調查證實，這是一個瑞典白領家庭，在發現孩子雙雙罹患罕見絕症之後，失去了對人生的盼望，於是一家走上絕路。記得此事件一開始見報時，瑞典主流報紙的報導僅有短短一句：「在某鎮，某個時間點，四具屍體在房子裡被發現。」就這樣。這個報導簡直太騷不到癢處了。這四個人的關係是什麼？這個房子是在什麼樣的區域？他們的死因是什麼？他們的鄰居和親友怎麼說？我就像很多人一樣，馬上打開網路論壇。那時論壇已經塞滿關於此案的流言蜚語：可能是（移民）搶匪犯案？或是（移民）家庭的榮譽殺人？（榮譽殺人，honor killing，部族或家族內的男性成員，因女性成員不貞或其他敗壞家族名譽的行為而殺害女性）；或是（移民）幫派的仇殺？

隨後，有人找到了房子的地址和空拍照片，得到消息說死者是瑞典白領家庭，於是論壇風向一轉，大家開始揣測爸爸有精神疾病或是戀童傾向，殺害全家以遮掩家醜等等，各式說法層出不窮。隨著真相一步步經過警方調查和主流媒體的報導後，論壇內的鍵盤法官們也漸漸失去興致，累積了九百多頁的討論串趨於沉寂。

過了幾天我才得知我的一位朋友正好和死者家庭關係親近，也出席了死者的葬禮。葬禮當天，這則新聞在瑞典還甚囂塵上，因此死者親屬有點擔心會有媒體到場關注，沒想到當天從頭到尾沒有一個記者出現打擾，整場葬禮寧靜而莊重。現在，這起事件已被世間淡忘，只刻印在死者及其親友的心中。在一派無色無味的媒體敘事中，只要能訪問到一位死者的親友，不知可以提高多少銷量和點擊率？瑞典媒體的自我克制讓我感到不可思議。

民主社會的媒體雖然享有自由，但仍然受市場經濟支配，現在網路媒體正在改變媒體生存獲利的模式，讀者不再願意付錢購買新聞內容，寧願動手滑開一個個廣告，讓自己的點擊和專注成為媒體的獲利機制。也就是說，媒體產業的主要商品從新聞內容變成了讀者流量，新聞內容成了捕捉點擊和流量的手段，贊助出資者以及匯集流量的網路社群平台的權力也越來越大。這個趨勢對新聞生態的傷害，是在全球有目共睹的。面對這個問題，瑞典政府用國家補助減輕媒體仰賴廣告贊助的程度，媒體同業協會也持續把關新聞品質。但是現在瑞典也有不少新興的網路媒體，他們不屬於任何協會，置身於同業互相檢視和牽制的網絡之外。他們就算不斷散布假新聞和誤導資訊，在新聞自由的保護下，也很難進行有力的審查，這是目前每個民主國家都面臨的棘手現象。但是無論如何，就算自由的媒體市場再紊亂，仍然勝過在沒有言論和出版自由的非民主國家，完全無法審查檢視的官媒。

深度報導文的閱讀和寫作

在這個資訊爆炸的時代，南亞的地震、美國的股市崩盤等，世界各地發生的事件都很快就出現在我們的手機螢幕上，然而除了即時新聞，人們可能更想知道遭遇天災的人們後來怎麼了？或是對過去二十年間股市崩盤的回顧和成因的分析。這種較不具時效性、篇幅較長的報導即是深度報導文。瑞典媒體傳統上習慣在週末刊行各種主題的深度報導，因為人們在週末更有時間看長篇文章。

深度報導的內容很多元，可能是鋪陳一起新聞事件的前因後果，記者也常常挖掘一般很少受媒體注意的群體或地點。深度報導可能是對不公平的控訴，指出現有法規或常規的不合理，也可能單純是描述特別的人物和現象。在語言上，深度報導文運用大量五感描寫，注重再現視覺、聽覺、嗅覺等經驗，讓讀者身歷其境，也常運用修辭學和修辭手法提出具有感染力的訴求，因此在性質上，深度報導文屬於非虛構文體，但是在寫作手法和閱讀經驗上都非常「文學」。

為了書寫深度報導文，記者往往必須對報導對象進行長期調查，這種有點像偵探的工作性質、揭露社會弊端和不公的使命感、加上能描寫也能針砭的書寫才能，讓瑞典民眾普遍對記者這個職業帶著尊敬和嚮往。瑞典許多知名小說作家都是記者出身，例如以《龍紋身的女孩》、《玩火的女孩》、《直搗蜂窩的女孩》的「千禧年三部曲」聞名全球的已故記者史迪格．拉森（Stieg Larsson）。他寫過很多規模宏大的非虛構深度報導，內容從厄利垂亞的政權更迭到瑞典極右勢力的近距離描寫。這些書寫經驗成為他後來撰寫犯罪小說的養分，「千禧年系列」當中的男主角也是記者，這部小說含有深刻的性別和社會批判，截至二〇一五年在全球的銷量達到八千多萬冊。

瑞典國文課上經常以深度報導作為閱讀題材。在寫作方面，一個常見的報導文寫作練習是以兩三位學生為一組，請他們在身邊找一個人物或一個地點，用訪談或蹲點觀察的方式一起蒐集資料，然後分別寫一篇深度報導。寫完之後彼此對照看看，自己寫的文章和同學寫的，在內容、主旨和描寫細節及手法上有沒有區別？為什麼會有這些區別？

瑞典媒體在報導即時新聞的時候強調無色無味，然而當記者和編輯在判斷一個事件是否具有報導價值時，或在對人事物進行深度剖析時，都難免會受到其個人特質、偏好和立場影響。透過上述的寫作和比對練習，學生會發現即使調查對象和蒐集的資料差不多，每個人的報導都會有微妙的不同。

這也是為什麼瑞典民眾雖然十分注重報導的真實性，但也很清楚「中立」是很難達成的。與其要求媒體做到「中立」，更關鍵的是，身為讀者能夠持續對媒體內容的「傾向」保持敏感。

查找、分析、檢視資訊來源

今天網路上充滿著「錯誤資訊」（misinformation）和「刻意誤導資訊」（disinformation）的病毒，要戰勝這場疫情，唯一的疫苗就是對資訊來源的檢視能力。在前篇談到的修辭學練習也是一種抗體，可以讓學生對作者的意圖和傾向更加有抵抗力。

在媒體素養教育上，社會科和國文科之間有很緊密的配合。在社會課上，學生必須理解一個「事件」從發生到經過各媒體挑選、描述而成為「新聞」的一連串過程，練習在看待一則新聞的時候，也能一步步往前推，想像事實呈現的多重可能性。同時在這兩門課上，學生都會重複演練檢視資訊的四個原則：

檢視資訊的四個原則

一、時間點原則：距離事發時間點越遠的敘事和資料，有效性也會越低。

二、第一手原則：和事件當事者之間的轉述人數越多，離事實越遠。

三、可信度原則：這篇報導或評論是誰寫的？由什麼機構發布？他們具有相關專業知識，值得信任嗎？

四、傾向原則：每一篇報導和評論背後都有一個價值或目的。這篇文章的作者是為什麼目的而寫？是提供資訊，還是說服和影響？作者想要說服誰？想達到什麼影響？

瑞典MIL入口網站為學校老師彙整了瑞典各機構製作的豐富教材。其中值得一提的是，一般來說，語文素養包含了「聽、說、讀、寫」（Listening, Speaking, Reading, Writing）四個環節。然而在媒體素養領域，因為「圖像和影像」也是重要元素之一，因此「觀看」（Viewing），也是教學的重點。

瑞典媒體委員會（Statens medieråd）製作的媒體素養教材 PPT。在瑞典的 MIL 入口網站可以找到瑞典各機構製作的豐富教案，從 PPT、課堂活動、教師手冊到作業都一應俱全。

瑞典媒體委員會製作的媒體素養教材 PPT。在瑞典的 MIL 入口網站可以找到瑞典各機構製作的豐富教案，從 PPT、課堂活動、教師手冊到作業都一應俱全。

在網路媒體發布資訊和創造內容的基本常識

網路已經成為社會的延伸，而在這個新的社會中也有它特殊的遊戲規則。在網路上如何和人理性交流？遇到網路騷擾或是霸凌該怎麼辨？爸媽可以在網路上貼小孩哭鬧的影片嗎？在發布照片、影片，下載音樂時要注意什麼？如果我錄製了一首歌，寫了一篇小說，要怎麼在網路上分享？我擁有創作內容的智慧財產權嗎？以上資訊素養偏向社會課的範疇，但是作為媒體和資訊素養的一環，也是國文課的主要閱讀題材之一。

延伸思考例題

1. 以兩三位學生為一組，決定一個人物（同學的爺爺或學校的體育老師）或一個地點（學校前的公車站或是一家咖啡廳），用訪談和蹲點觀察的方式一起蒐集資料，然後分別寫一篇深度報導。寫完之後互相交換對照看看，自己寫的文章和同學寫的在描寫和內容上有區別嗎？為什麼會有這些區別？

2. 挑選一個最近你所關注的公共事件，找出不同媒體對這項「事件」發布的「新聞」報導。應用本文提到的「檢視資訊四項原則」以及「媒體倫理原則」加以檢視，你給哪一篇報導打的分數最高？哪一篇最低？為什麼？

（本例題由建國中學國文教師吳昌政提供）

第二章

讀文學會讓我們成為更好的人嗎？

在瑞典，申請大學有兩種方式，一是用在校成績，二是參加升大學考試，因此在校成績也是很重要的。為了確保全國各校成績評量的方法和品質均一，瑞典每年都會舉辦全國性的期末考。這些全國考試的考題，都是由瑞典各大學的學者團隊為老師們傾力設計出來的。

瑞典高中的國文課分成三門，一年上一門，這三門課分別以非文學類文體、文學，以及學術類文體為主（高三國文只有打算上大學的學生需要選修）。上完高一和高三國文課，學生都必須參加這場全國期末考試，而就如附錄例題所呈現，這個考試的內容以非文學類文體為主，而且目的不是察驗記憶性知識，而是鑑定閱讀、寫作和聽說能力。

因此在瑞典，只有高二國文真正把文學作為主要的教學內容。相對而言，台灣高中三年的國文課，幾乎可以說是一門文學課。

在本章，我將匯整瑞典文學教育理念上，幾點和台灣不同的地方：

1. 文學不應該拿來考試。
2. 高中文學課是學生閱讀人生的起點，不是終點。
3. 文學沒有國籍。
4. 用非文學的視角看待文學。

05 不考試不補習 不寫讀後感的文學課

瑞典高中的文學教育必須把重心放在教學生如何自主地解析和欣賞文學，還有引導學生體會文學的樂趣。更關鍵的是，他們期待學生高中畢業了，也能一輩子以文學為樂。

一、不用標準化考試考文學

以文學為主要內容的高二國文課，是沒有全國期末考試的。與其說是沒有考試，應該說，這一門國文課的學習成果，並不適合用標準化考試的方式來鑑定。

瑞典高中的文學課程主要以時間為脈絡，從文學史的角度，看歐美文學在體裁、表現、思想上的演變。接著也以戰爭、愛情、生死等全人類共通的主題為脈絡，看在不同時代和國度的人們，如何透過不同的體裁，寫下讓所有人產生共鳴的文字。

當課程隨著文學史、書寫主題的脈絡進行到一個段落，瑞典老師通常會給學生一個作品清單，並針對當中一兩個作品來做進一步的精讀、解析、仿作、或續作，而學生要是有興趣的話，也可以把清單上的其他作品作為課餘閱讀，和同學交流想法。與高一和高三嚴謹的非文學語文訓練比起來，文學類作品的欣賞和創作相對自由奔放，很多學生十分享受天馬行空的創作，也常在課堂上激起豐富感性的討論。

比方說有國文老師在談到科幻體裁的時候，請學生挑一本以AI為主題的科幻小說，如《銀翼殺手》、《2001太空漫遊》等來細讀，並且選擇書中一個機器人角色，延續小說的世界觀，以第一人稱寫一篇「機器人自述」，描述這個機器人對人類意識的想法。很多學生們寫的作品都充滿創意，讓我看了不忍釋手。老師說，雖然學生只需要針對一個作品寫作業，但是也有很多學生把書單上所有的小說和電影都看完了。

在一年內要談海內外古今文學，瑞典文老師能帶著學生進行深入賞析和延伸寫作練習的作品非常有限。因此，瑞典高中的文學教育必須把重心放在教學生**如何自主地解析和欣賞文學**，還有**引導學生體會文學的樂趣**。更關鍵的是，他們期待學生高中畢業了，也能一輩子以文學為樂。這樣的課程目標，是很難用標準化考試來評量的。再者，他們認為**文學欣賞和創作並無法鑑別學生升大學所需的學力**，而讓孩子為了準備考試接觸文學，也完全違背了文學的本意。

瑞典國文課上也閱讀艱深的傳統文學，但利用現代白話注釋輔佐學生閱讀，不重記憶和考試，更重視各類傳統文學體裁背後的社會歷史淵源。整體來說，瑞典高中生在課堂上由老師帶領一句句精讀的文學作品，以及純粹的文學創作練習，和台灣比起來都少了許多，但是瑞典校內外文學創作和閱讀的風氣卻十分興盛。瑞典每年的暢銷書排行榜上，起碼有一半以上是瑞典小說文學作品。而台灣在近二十年來，暢銷排行榜上多屬致富和自我成長系列的非文學類書籍，而且不管文學或非文學，都以翻譯作品居多。雖然文學的出版和銷售又是另一個複雜議題，不過事實也證明，上滿三年文學課，升學考試都要考文學的台灣國語文義務教育，似乎對推動社會閱讀風氣，奠下文學市場並沒有很大的效用。

二、高中文學課是學生閱讀人生的起點，不是終點

在台灣，國文課選文一直是焦慮的來源，國高中六年的國文課，要怎麼取捨，才能給予未來國民最起碼要具備的文學和國學素養？對照台灣和瑞典迥然不同的文學教育，我發現如果說瑞典文學課的意圖在於給學生一個起點，那麼台灣的文學課則是想給學生一個完結，恨不得把古今數千年的精髓取樣打包起來，做成一顆顆維他命，配著作者、題解、注釋一起吞下去，然後再用考試確認學生吸收了養分。這個做法自然有其合理的動機和價值，但是這樣一來，也務必會擠壓到其他重要語文訓練的時間，也可能影響學生的文學胃口。

語文領域既深且廣，在策畫課綱時難免會遇到取捨，因此需要清晰的教學理念做為方針。於是，問題又回到了原點：國文課要教什麼？怎麼教？為什麼？我

們希望高中生在畢業踏出校門時，具備什麼樣的知識？我們希望大學新生在踏入校門時，具備什麼樣的能力？

瑞典的課綱主旨很清楚，想上大學的學生必須努力提升讀解、邏輯和表達力，在大考中證明自己具備接受高等教育必須的學力。而每一個學生，不管上不上大學，也必須具備一個公民必需的讀解表達能力。這些提升語文能力的學習目標，其實也包含在台灣的國語文課綱當中，但是卻和長久偏重文學與國學的教學和考試有一些矛盾之處。

此外，瑞典課綱也強調，國文教育有義務引發學生對文學、知識、公共議題的興趣，養成閱讀各類文字和參與公共議題討論的習慣。這也是108課綱和瑞典課綱當中都強調的「自主和終生學習素養」。

然而因為這類素養相對難以評量，不見得能反映到學生的考試成績上。對此，瑞典教育部追蹤全國學生的閱讀習慣和讀解能力的發展，給予老師提醒和輔佐。各科老師以及學校的圖書館員也密切合作，一起承擔提升未來公民語文素養的重任，並且配合「性別」、「全球暖化」、「勞權」、「選舉」等主題進行校刊徵文和論壇活動，引導學生在閱讀和討論中找到樂趣，建立自信。這些也許不是十全十美的做法，但至少是瑞典學校針對課綱而提出的幾個可行之道。

三、文學沒有國籍

「文史教育」對許多國家來說，都是用以鞏固下一代國家認同的重要科目，期待學生在學習本國文學和歷史的過程中，可以奠定國民意識以及「愛國情操」。而在每年頒發諾貝爾文學獎的瑞典，則更傾向將文學視為全人類共同的資產，如其課綱中總結的文學教育宗旨：「透過文學的欣賞和創作，探究自我和他人的經驗、思緒、認知和世界觀，刺激學生接觸新的想法和視角，並從中觀察全體人類的共同經驗。」瑞典學校更期待學生瞭解文學如何反映人類經驗，因此並不強調單一文學血統。

瑞典文學課以北歐文學為主，也涵蓋大量歐美翻譯文學，純粹來自本國的作品可能不超過五成。而且為了培養學生閱讀興趣，國文老師常跟著文壇脈動，讓學生閱讀近期造成話題的新作品，所以「傳統文學」的份量又更少了。

今天的瑞典是個國族意識相對淡薄的地方，他們對於透過過去的輝煌或是文明成果，也就是「看我國多強盛多優秀」這樣的姿態來啟發國家認同，是大大存疑的。因此他們在歷史課上質疑所謂的「輝煌時代」，冷靜指出在歷史上瑞典王國的版圖越大，平民的生活也就越苦。在國文科上也積極呈現不同國度的文學精華。

瑞典對國族和傳統的態度，可以說是站在相對於大多國家的另一個極端，這和他們在歷史上鮮少需要抵抗強力外侮，以及目前瑞典社會的偏左意識都有點關係。近年來台灣社會和教育界就國文教育議題掀起了很多爭論，「去中國化」的程度、文言文的份量，都挑起了無數人的敏感神經。這些討論其實已經超出了單純的語文教學理念範疇，而牽涉到了「國族認同」，以及在意識形態上「保守」與「變革」這塊沒有正確答案的灰色地帶，沒有一個專家或教授可以斷言其見解就是真理。台灣還必須從自己的經驗和處境走出適合我們的路，在此僅提供瑞典視角作為一種參考。

四、用非文學的視角看待文學

有天我想把「讀後感」這三個字翻譯成瑞典文或英文，卻找不到完全吻合的詞，這才發現，我在瑞典上了三門高中國文課，但是從來沒有寫過一次「讀後感」。每看完一本或是一篇文學作品，我們通常採用口頭討論的方式和同學交流各種感想，這樣的討論很自由，也總是非常熱烈。然而在練習寫作時，則多要寫命題和要求非常嚴謹的分析文，例如，從情節走向和角色變化分析故事架構，從修辭手法分析文字表現，從用詞和句型分析語氣和節奏，或是綜合以上各點探討一個作品的時代屬性，也可以戴上不同的眼鏡，從性別、階層、後殖民的視角去探究作者意圖和讀者經驗，甚至單純用人類學的角度，把文學當作瞭解某個時代和社會的材料。

閱讀文學的時候，讓學生盡情沉浸在文學的感染力中，領略文學的樂趣固然重要，然而瑞典高中各科的課綱也講求**對各科知識進行結構的、超越的檢視**，在學習歷史之前，先想一想歷史的目的和用途是什麼？在演練語言能力的時候，停下腳步問問什麼是語言？同樣的，在欣賞文學的時候也要思考，文學是什麼？語言和文字如何構成吸引力、感染力和張力？為什麼文學對人類如此重要？這種俯瞰知識和現象的習慣，就是思辨的起點。

延伸思考例題

1. 你認為「文學素養」是什麼？可以透過考試鑑定嗎？如果不行，為什麼？如果可以，應該怎麼考？

（本例題由建國中學國文教師吳昌政提供）

2. 你認為「文學素養」應該是升大學學力評鑑的一環嗎？為什麼？

06 讀文學會讓我們成為更好的人嗎？——文學的社會意義

文學作品讓人時而沉浸於情節轉折或美學魅力當中，時而從第三者的角度看到自己，或體驗前所未有的想像和思路。《追憶似水年華》的作者普魯斯特曾經說：「每個人在閱讀時，都是在重新閱讀自己，有時確認自我，有時發掘自己也不曾察覺過的自己。」

「如果你漂流至無人島，你想帶上哪一本書？」

「我們為什麼讀文學？讀文學會讓我們成為更好的人嗎？」

在第一堂文學課，老師問了大家以上的問題，引起了激烈討論。到了高二，每個同學從識字以來，已經有十年左右的閱讀經歷。這時老師請大家仔細回想琢磨一下，自己人生第一個十年的閱讀經驗，也想一想在未來的好幾個十年，要怎麼看待閱讀這件事？

「我被情節吸引，迫不及待地想要知道接下來的故事發展。」「我很驚訝於文字的排列組合如何精準地描繪出一個情緒和情境。」「我在人物的自白或對話之間看到我自己。」「我看到新的事物，或找到新的視角。」「文字用各種方式牽動我的情緒，有時候像被氣壓籠罩，有時候像在胸口挨一記重擊。」

老師請學生描述自己過往閱讀時獲得樂趣的瞬間，從學生的回答可以看到文字讓人著迷、映照自我，以及帶來衝擊的力量。文學作品讓人時而沉浸於情節轉折或美學魅力中，時而從第三者的角度看到自己，或體驗前所未有的想像和思路。《追憶似水年華》的作者普魯斯特（Marcel Proust，1871-1922）曾經說：「每個人在閱讀時，都是在重新閱讀自己，有時確認自我，有時發掘自己也不曾察覺過的自己。」

以上的討論內容，都是非常個人的閱讀經驗。然而瑞典文老師也提醒學生，在學校的國文課上「看完文本不等於作業就完成了！」（Reading the text is just half the work done!）老師期待學生在閱讀的階段，就開始思考他們要如何與他人傳達自己的閱讀經驗。在課堂上進行分析和評論交流時，發現別人閱讀的經驗和自己有時候很相似，有時候卻很不一樣，能讓學生瞭解個體之間的共通性和差異性，並且同理、尊重他人想法。這也是在瑞典語文課綱中提到的：「瞭解、詮釋和評價文學作品的多重可能性和主觀性。」

在書寫方面，課綱內容包括在閱讀文學作品後進行仿作、續作，這是很自由的創作演練，因此在評分上，老師避免對學生的創作表現做出主觀評價，主要看其中可以客觀採計的部分，比方說在仿作時，是否合乎某種題裁形式，以及在續作時，是否確實沿用某個作品的世界觀。

除了文學創作之外，瑞典學生在文學課堂上寫的作業多以文學評析為主。在進行此類書寫時，學生必須謹記「分析」和「評論」的區別。「評論」會涉入主觀的個人感受，但是「分析」則必須有所依據。以透徹的分析為根基做出的評論也會更有說服力。

文學作品的「分析」，在於探究作者如何運用「語言」和「結構」？對閱讀者產生了什麼效果？傳達了什麼「訊息」？經過幾番演練，學生在此後的每一次閱讀，也會習慣去問這些問題，並和作品產生更深刻的互動。

在本書我無意深入描寫瑞典國文課上採用的文學評析框架，一方面文學賞析是台灣國文課很著重的一部分，無須我多做贅述。此外東西方文學傳統從體裁、常見主題、表達的情懷、到評析的依據都有微妙的不同，大可不必捨近求遠去採納西方文學理論體系。在本書只就文學的社會意義部分，分享幾個瑞典課堂上有趣的教學活動。

根據瑞典文學課綱，高中生必須練習採用社會主義、後殖民主義、女性主義、環保主義等視角看待文本。不同「主義」就像是不同眼鏡，可以隨時戴上拿下，本篇僅用社會主義和普羅文學批判作為主要的例子。

文學的社會性

文學由作者所創造，而在每一次閱讀過程中，讀者的感受和詮釋，也可以說是作品的「再創造」。每個人都是各自時代和社會的產物，文字在我們的意識中引起的情感和思緒，和我們所處的社會脫離不了關係。因此在評析文學時，創作和閱讀的時代背景自然也必須納入考量。

瑞典的文學課，在性質上更接近「文學史」，以時代的脈動為主軸，介紹各個時期文學的體裁、內容和思想。而其中文學的「普羅化」以及其背後的時代意義，是瑞典文學課的一大重點。

如前面章節談到，因為長久以來文藝創作的資源多為上層社會所有，因此文藝作品反映的現實也難免被局限在上層階級的泡沫中。隨著啟蒙運動、工業革命等歷史巨輪帶來的文化和社會劇變，社會主義思潮和俄國大革命將階級意識推向頂點。越來越多文學創作者開始思考如何透過文字真實呈現各階層關係，和檢視權力支配資源的合法性來源。在這個脈絡下，普羅文學（Proletarian literature），也就是帶有無產階級意識的文學，以及社會現實主義（Social realism）的藝術形式，成為文藝舞台上的要角。

在瑞典，從一九〇〇年代前後開始有瑞典作家在創作中帶有明顯階級意識。

社會現實主義作品《美國哥德式》（American Gothic By Grant Wood，1930）。社會現實主義是一種刻畫市井生活和勞動階層處境，對社會和政治帶有批判性的藝術形式。
（圖片來源：公有領域 Public Domain，5QEPm0jCc183Aw at Google Cultural Institute）

社會現實主義的攝影作品《移工母親》（Migrant Mother by Dorothea Lange，1936）。
（圖片來源：公有領域 Public Domain，維基百科）

台灣畫家洪瑞麟「勞動美學」作品《準備上工》，1957。
（圖片來源：台北市立美術館典藏）

在三〇年代，一群沒有受過學術訓練的「勞工作家」（Worker-writter）寫出了一系列膾炙人口的勞工文學作品，其中最具代表性的兩位作家，在一九七四年共同獲得諾貝爾文學獎。

就在同一時期，民國初年的胡適、陳獨秀、魯迅等人透過新文化運動和《新青年》等刊物鼓吹白話通俗的新文學；日治時期的大正、明治時代的台灣文壇也興起左翼文學運動，這都在不同程度上反映當時社會主義思潮帶動普羅文學的脈絡，而文學是否是純粹為了藝術還是為了社會批判，也在中國和台灣文壇都埋下了論戰的種子。

現在我回頭看看自己過去在義務教育階段讀的課本，如果純粹只就普羅文學批判的視角去檢視，是完全不合格的。高中時期我念的國文課本是民國八十六年至九十三年通用的國立編譯館末代版本，也是最後的一綱一本，我想很多六七年級的讀者都有跟我同樣的回憶。在高中三年近百篇的課文當中，由於文言文本身即是上層社會流通的語言，因此從〈出師表〉到〈醉翁亭記〉，寫的難免都是菁英階層的憂愁和體悟。而白話小說《水滸》、《聊齋志異》屬於大眾文學，尤其《水滸傳》常被視為傳統庶民文學的代表之一，文中反映當時各階層的現實，可用社會批判的角度去解讀，但是這一點在選錄章回〈魯智深大鬧桃花村〉的情節中難以凸顯。相較之下，曹雪芹〈劉姥姥進大觀園〉倒透露出了一些底層人物的世故和階層之間的距離。

而在現代文學選文中，社會性較濃厚的有洪醒夫的〈散戲〉。記得當時在課本上認識了洪醒夫，我去圖書館借了他的小說集《黑面慶仔》，趁午休時間偷偷看這本「閒書」，書中刻劃的幾個農村人物至今還栩栩如生地活在我腦海中。我用現在的意識去回想這些故事，發現書中其他篇章都具有更明顯的社會批判性，近距離描繪一個個小人物在面臨工業化和都市化時經歷的身心掙扎，看得出為什麼當時洪醒夫的朋友會稱他為「洪醒夫斯基」。然而在國編課本中，卻選了〈散戲〉這篇筆調最溫和懷舊的故事。記得當時寫國文評量，看到關於〈散戲〉一文主旨的問題，只要找「感嘆歌仔戲傳統消逝」這個選項就對了。把文學作品的訊息和格局濃縮到一個個選項當中，我至今還是無法理解這種考試的意義為何。

從階級鬥爭、階級雞湯到階級旅程

瑞典社會的意識形態相對偏左，無論是在教育、媒體、生活各層面，都習慣從階級的角度切入分析各種現象。在國文課上，不只是針對無產階級文學和勞工文學，老師也希望學生隨時可以戴上階級意識的眼鏡來看看眼前的作者和作品。

今天在瑞典最負盛名的作家之一，萊夫．佩爾森（Leif G.W. Persson），是個傳奇人物。他來自藍領階層，從小就著迷於警探和犯罪學的世界，天資聰穎加上來自底層的強大動力，他在校一路表現優異，成為犯罪學專家，並在瑞典國家警署和調查局身居要職。然而正當他一步步朝向國家官僚體系頂端邁進時，他的事業卻因為被捲入政府和警署高層的複雜紛爭而嘎然而止，他遭到革職，在一夕之間失去了所有。

在嘗試自殺未果後，他走過憂鬱，開始運用自己的經歷撰寫犯罪推理小說。他的筆調沉穩，人物描寫詼諧，小說布局恢弘直指社會結構弊病，並靠著豐厚的知識和經驗營造出逼近真實的情景。小說出版後，他一炮而紅，從默默無聞的前

瑞典最負盛名的作家之一，萊夫・佩爾森。
（攝影：Suz。圖片來源：維基百科創用 CC 授權〔 CC BY-SA 3.0 〕）

警署官僚，搖身一變成了瑞典最暢銷的作家。後來，他一邊持續寫作，一邊完成犯罪學博士學位，在斯德哥爾摩大學和瑞典警官學院擔任犯罪學教授。佩爾森的許多作品被改編成影集或電影，他也成為瑞典媒體紅人和極具影響力的公共知識份子。

二〇一五年，佩爾森和瑞典國家電視台合作製作了一部紀錄片：《我的階級旅程》（My class travel）。講述他從藍領出身，靠著學業成就攀升到中產，最後藉作家身分晉身上流階層的過程。這部紀錄片並不是勵志雞湯，而是深刻挖掘他在階層間游移時面臨的真實心境。他記得五歲時，他的工人爸爸指著斯德哥爾摩大學的校舍說，那個地方叫做大學，你以後要到那裡念書。後來他如爸爸所願進入了那所大學，還成了那所大學的教授，但是他和爸爸的距離也越來越遠。

他高中念的是一所在斯德哥爾摩的傳統名校，當時校內只有極少數人來自藍領家庭，他高中三年都沒有和班上同學提起過他爸爸的職業，也沒有帶朋友回家過；而在家裡，他也不知道要如何和爸爸聊學業和學校的經驗。佩爾森說，每一個離開原生階層的人，多少都會經歷一種心靈上的無家可歸（soul homelessness）。來自缺乏經濟和文化資本的家庭環境，他隨時都感覺到自己矮人一截，而推動他向前的一大動力，常常是在面臨相對剝奪感時，那種想讓人刮目相看，近乎復仇的情緒。

很多瑞典社會科老師會在談到階級的課題時，使用這部紀錄片作為教材，並請同學定位自己現在的階層，是否有要「旅行」的計畫？在國文課上，當老師介紹到具有濃厚社會批判性的北歐犯罪小說體裁時，也一定會提到佩爾森和他的出身經歷。這種直視階層、檢視階層的態度，是瑞典社會讓我最受衝擊的地方之一。

台灣視角：社會主義文學評論和文學論戰

對於社會主義文學批判，恩格斯在一八〇〇年代中期曾描述：「我認為作者的社會主義傾向應當從場面和情節中自然而然地流露出來，而不是特別講明；此外，作者也不必要把他所描寫的社會衝突歷史和解決辦法硬塞給讀者。在當前條件下，小說主要是面向資產階級圈子裡的讀者，因此，如果一部具有社會主義傾向的小說通過對現實關係的真實描寫，來打破流行的傳統幻想，動搖資產階級世界的樂觀主義，引起對於現存事物的懷疑，那麼，即使作者沒有直接提出任何解決辦法，甚至作者有時並沒有明確地表明自己的立場，但我認為這部小說也完全完成了自己的使命。」

二十世紀初，各式各樣的海外思潮傳入中國和台灣，對於文學的意義和發展的方向，也引起了不同的見解。一九二九－三〇年，梁實秋和魯迅針對「文學的階級性」進行了一場激烈的筆戰。以下是兩方的論點摘要：

梁實秋：文學是最基本的人性的表現，資本家和勞動者都會愛恨，都有恐懼和憐憫，也都企求身心的愉快。這些基本的人性是超越階級的，不應加上階級的束縛。「把文學的題材限於一個階級的生活現象的範圍之內，實在是把文學看得太膚淺太狹隘了。」

魯迅：文學不借「人」，也無以表現「人性」，而只要人活在階級社會裡，就不能免掉所屬的階級性。這不是一種束縛，而是一種必然。「自然，喜怒哀樂，人之情也，然而窮人決無開交易所折本的懊惱，煤油大王哪會知道北京檢煤渣老

匈牙利前蘇聯時期的社會主義現實主義雕塑（The Republic of Councils Monument by Kiss István，1969）。
（攝影：Elelicht。圖片來源：維基百科創用 CC 授權〔CC BY-SA 3.0〕）

婆子身受的酸辛？」

一九一七年，俄國大革命推翻俄帝，列寧領導的共產革命派贏得政權，建立蘇聯。一九一九年「共產國際」在莫斯科成立，向國際推廣蘇聯官方版本的社會主義思想——「馬列主義」。一九三三年，蘇聯的官方文藝形式「社會主義現實主義」（Socialist realism）一詞正式受到史達林認可和提倡。這種文藝形式沿自於前文提到的「普羅文學」（Proletarian literature）和「社會現實主義」（Social realism），具有階層意識和基層關懷，不同的是，它受到國家認證推廣，具有明顯的政治宣傳功能，內容必須凸顯無產階級的強韌和美好，並且完全迎合共產黨的理念和方針。

一九四二年，毛澤東在著名的〈在延安文藝座談會上的講話〉中，承襲了「社會主義現實主義」的原則，將文藝的主要任務定調為「協助黨的革命工作」。他指出國家除了拿槍的軍隊以外，還需要一批「文化軍隊」，為廣大無產階級，也就是「工農兵」群眾服務，其他的文藝創作都是「資產階級的」、「反革命的」，需要全部清算。

〈毛主席革命文藝路線勝利萬歲〉，1974 年。
（圖片來源：www.jiaxiangwang.com）

農民畫〈新的號召〉，任華福，1975 年。
（圖片來源：www.jiaxiangwang.com）

國民政府遷台後，蔣中正也在一九五三年發表〈民生主義育樂兩篇補述〉，提出「戰鬥文藝」的口號，確立「反共文學」和戒嚴時期的官方文化政策。一九七七年，余光中在聯合報副刊發表評論〈狼來了〉，指出當時在台灣興起的「鄉土文學」帶有明顯的社會寫實和階層批判意識，疑似中國共產黨用來鼓吹鬥爭的「工農兵文藝」。他說：「北京未聞有『三民主義文學』，台北街頭卻可見『工農兵文藝』，台灣的文化界真夠『大方』。」

從一八〇〇年代到一九七〇年代的百餘年間，隨者共產極權興起和冷戰情勢成形，關於文學社會性和階級性的討論，涉入了越來越多國家政治權力的糾葛和腥風血雨，文藝形式在極權的時空下成為樣板宣傳，原本應由創作者自由決定的文學關懷和風格，也成了互相戴帽子、貼標籤的依據。〈狼來了〉這篇文章引發了著名的「台灣鄉土文學論戰」，反映出當時台灣社會複雜的意識形態和國族認同光譜。

近年來台灣的歷史課本也開始介紹台灣日本殖民時代的文學發展，和這場一九七〇年代的「台灣鄉土文學論戰」，然而我感覺歷史課本的詮釋，更偏重於探討台灣文學的「主體性」，將「鄉土文學」和「台灣認同」畫上等號，而忽略了意識形態上，針對文學的社會意義和階級性的思考。在此簡要鋪陳社會主義文學評論的歷史淵源，做為補充。

台灣視角：選文背後的意圖

戒嚴時代國民黨政府嚴格查緝左翼思想，魯迅、老舍的作品當然都是禁書，而台灣左翼作家在帝國主義和資本主義雙重壓迫下，作品中除了反階級剝削的思想以外，也常常兼具對日本殖民的控訴。台灣文學作品中的「反日元素」，符合國民黨政府的民族意識，也是黨國文史教育的重點，因此賴和的〈一桿「稱仔」〉和楊逵的〈壓不扁的玫瑰〉都曾是國編版課本上的反日模範課文。然而這兩位作家作品中飽含的階級批判思想，和其社會運動經歷，則完全被過濾殆盡。這類過濾意識形態的例子並不稀有，例如知名聾盲人士海倫．凱勒的求學經驗是美國學子的楷模，但是她活躍於工會和勞工運動的一面卻很少在教科書中出現。

楊逵，1906 年出生於台南新化。1924 年至日本攻讀文學，並接觸馬克思主義和左翼思想，1927 年返台，加入「台灣農民組合」從事農民運動。日文小說《送報伕》訴說弱勢者被壓迫剝削，最後以團結罷工的行動逼使資本家做出讓步的故事，1934 年在日本獲得推動普羅文學的《文學評論》第二獎。圖為 1946 年出版的《新聞配達夫》中日文對照小說封面，封面版畫為版畫家黃榮燦作品。
（圖片來源：二二八國家紀念館網站 www.228.org.tw）

現在一綱一本走入歷史，魯迅、賴和、楊逵也成為各版課本的常客，然而我感覺他們的面貌還是趨於平面的。這可能是由於台灣國文課的形式是以一篇作品為出發點去認識一個作者，在讀差不多先生的時候談一點胡適，在讀孔乙己的時候談一點魯迅。如此一來，作者的面貌往往在有意無意中受到選錄作品的局限。

相較之下，瑞典課綱著重於探索文學和社會脈動的互動關係。瑞典的文學課以時代背景和社會思潮出發，先介紹一個文學趨勢，帶著學生認識具有代表性的作者們，最後再聚焦於他們的作品，因此在讀單一作品時也能保有相對宏觀的視野。就民國時期的文學發展為例，按瑞典課綱的作法，會先從新文化運動的訴求和當時的社會上各種不同思潮為起點，然後介紹胡適、魯迅等人以及他們的生平、思想、彼此之間的互動關係，可能也和台灣同期的文人做比較，最後再認識他們筆下的差不多先生、阿Q、孔乙己。這樣做似乎更能呈現出作者的完整面貌，讓學生理解作品的時代意義，和其乘載的人文價值。

我曾在網上讀到一位國文老師向某版國文課本編選委員提問：為何不選林文月的〈潮州魚翅〉，文旨似更深遠，而要選她的〈蘿蔔糕〉？擔任編選委員的教授笑說，「魚翅太貴了吃不起。」他顧慮到階級、動物保育等問題，於是選了〈蘿蔔糕〉。

看到這段描述，我不禁聯想到魯迅的〈拿來主義〉一文，在文中他描述了一種接觸新事物時的理想姿態：「他佔有，挑選。看見魚翅，並不就拋在路上以顯其『平民化』，只要有養料，也和朋友們像蘿蔔白菜一樣的吃掉，只不用它來宴大賓；看見鴉片，也不當眾摔在毛廁裡，以見其徹底革命，只送到藥房裡去，以供治病之用，卻不弄『出售存膏，售完即止』的玄虛。」

我在台灣上的國文課不曾提到魯迅，在大學時期稍有接觸，直到在瑞典念碩士時，才在大學的東亞圖書館裡把魯迅、老舍全集一口氣讀完。「他佔有，挑選。」一人在異國每天受到新思想的衝擊，讀到這種掌握主動權，並且實事求是的姿態，讓我印象特別深刻。

讀文學能讓我們成為更好的人嗎？學音樂的孩子不會變壞嗎？這都是難以證實的命題。可以確定的是，文學可以讓我們更認識自己和他人，豐富我們的語言、情感和思想。

長久以來文學教育常身負陶冶國民性情、完善道德的責任，然而在歷史上，我們也太常看到權威的介入，擅自替我們決定哪些道德價值要被放在教科書裡，深植在下一代的腦海中，哪些則要被禁止或銷毀。

從戒嚴時代以來，我們已經被動地接受太多「精心挑選」的知識和道德準則。然而一直被動接觸最「妥當」的事物，是無法培養自主思辨能力的。我相信台灣的下一代，值得我們對其抱有更大的信任和期許，給他們機會主動地去批判和尋找意義。與其把魚翅拿走，我相信台灣孩子們不但能從〈潮州魚翅〉的字句中感受到細膩雋永的人情，也能隨時戴上階級、保育的眼鏡去探討結構性的問題，並從這些開放的、批判的文學閱讀練習中，培養一生受用的興趣和能力，在畢業之後也不斷累積文學閱讀經驗，獲得兼具理性和感性的豐富養分。

延伸思考例題

1. 在前文提到，一九二九—三〇年，梁實秋和魯迅針對「文學的階級性」進行了一場激烈的筆戰，你贊成誰的說法？請你根據雙方的論點，寫一篇議論文說明你的立場，並舉證支持你的論點。這篇文章的目的是說服讀者。

2. 魯迅的〈孔乙己〉和賴和的〈一桿「稱仔」〉兩篇短篇小說，目前已經收錄於多數台灣高中國文課本當中。這兩篇小說的情節都牽涉到了不同階級之間的互動，請運用本篇內容提到的評論觀點，分析這兩篇作品想傳達的訊息。

（本例題由建國中學國文教師吳昌政提供）

第三章

用語言探究語言

我們學習各種知識的目的，是在於更有系統、更精確地去分析世界上的各種現象。在學生物學之前，我們看到一隻貓會覺得毛茸茸的很可愛，學了生物學之後，我們會進一步瞭解貓屬於脊椎動物門，哺乳綱，食肉目；家貓的基因和人類的相似度可以達到九十%以上等等。我們在學校每一個科目的課堂上，都是用這樣有系統的、抽離的視角去瞭解氣候、化學物質、政府結構等事物和現象。那麼在國文課上，當然也應該試著用同樣的視角去檢視我們每天都離不開的話語和文字，並進一步思考：語言是什麼？狗對著人搖尾巴是語言嗎？表情符號是語言嗎？手語、程式語言呢？為什麼每個人使用語言的方式都不太一樣？有所謂「正統」的語言嗎？

在本章，我將介紹瑞典國文科如何將「語言」這個饒富趣味的領域，整合到國文課的閱讀寫作訓練中，以及瑞典老師們在和學生談「語言」時，抱持著哪些動機和期許。

07 在語言課上探究語言

語言是人類思緒的凝結，我們無論是和外界溝通，或是在腦袋裡和自己對話，都需要透過語言。就算是最科普、淺顯的語言學趣味知識，也能讓我們對自己的思考方式、人類溝通的模式、語言與社會的關係產生另一層認識，最重要的，是學生通常對這類題材都很感興趣！用和語言學有關的素材來進行基本語文訓練，也不啻是一石二鳥的做法。

在進行本章內容之前，必須先介紹另外兩種在瑞典高中教育非常重要的非文學類文體：學術文章和科普文章。

學術文章

學術文章是一個研究的呈現，包括一個研究的命題、目的、研究方法，到研究結果。每一篇學術文章都是廣大知識宮殿裡的一塊磚頭，穩穩堆砌在已經存在的知識之上，因此必須確實引用其他研究的知識，並遵循學術寫作架構的國際標準，一般也需要經過答辯或是同業檢視的程序。

科普文章

人類對新的資訊和知識向來有很大的興趣，我們會在報刊中看關於最近在發生的事，和這些事件的最新發展，但是一般人不會去看學術刊物瞭解學術界的新發現。因此各領域專家或科普記者藉由科普文章，用淺顯的方式向非專業的人們說明某個領域的知識。科普文是專業和非專業者之間的橋樑，也會有某種程度的娛樂消遣性質以吸引大眾的興趣。科普文章的語言介於正式和日常用語之間，重點在語句流暢易讀，所以引用的規範沒有學術文章那麼嚴謹，並且要避免使用專業術語，在必須使用的情況下，應該向讀者說明術語的含義。

在高中三年的國文課當中，高一和高二國文是每個高中職學生都必修的，在這兩年，學生會接觸到許多科普文章的讀寫。而高三國文是以準備要上大學的學生為對象，開始引入學術文章，為學生打下接受高等教育時必要的語文能力基礎。而無論是科普或學術文章，在國文課堂上都以語文領域（語言學和文學理論）的文章為主，本章主要探討語言學的部分。

每一科老師都是語文老師！

台灣學生除了國文課，在其他課上很少練習讀寫，國文老師必須扛下絕大部分的閱讀和寫作教學。然而語言是通往所有知識的媒介，無論是上社會、物理、還是生物課，都少不了語言。因此瑞典學校認為每一科老師對語文教育都責無旁貸，必須有意識地提供學生讀寫的機會，共同承擔提升學生讀寫能力的使命，落實的方式包括各科老師組織讀書會，定期交流讀寫教學的實踐方法；國文老師也可以和其他科目，例如歷史老師合作，共同給學生一個關於歷史的讀寫作業等等。

由於在每個科目的課堂上，無論是地理還是化學，老師都會讓學生閱讀和該科有關的科普文章。因此在國文課堂閱讀的科普文，題材上就可以更偏重語文領域。

生產知識的過程——畢業專題研究

到了高三階段，所有高中職學生還必須自選一個題目完成一篇「專題研究」，所以每個學生多少都會接觸到學術寫作的基本形式。瑞典老師平時鼓勵學生不只是被動的吸收知識，也要主動去彙整、質疑、批判知識，但是在十二年國教中，畢業專題很可能是學生唯一一次自己「生產知識」的機會。學生在決定了研究主題之後，會由該相關的老師和國文老師共同指導這項長達一年的作業。高中專題研究的命題和研究方法通常規模很小也很淺顯，但是在架構上必須完整，依循嚴謹的格式規範，在答辯的時候，不僅要質疑同學的研究方法和內容，也必須為自己的研究辯護。親身體驗一個學術報告的生成，學生更能理解從設計一項研究到呈現研究成果，是複雜而充滿變數的過程。未來在解讀其他人生產的知識時，也會帶有更具批判性的眼光。

用語言探究語言

在高中階段，瑞典課綱並不強調語言學知識的學習，但有兩個堅持：一、在進行科普、學術文體的閱讀寫作練習時，以語文領域（語言學和文學理論）的文章為主。二、練習至少用一種語言學的概念或工具來分析語言。也就是說，老師不需要給學生有系統的語言學知識，但是必須讓學生接觸到一些科普程度的語言學，並且體驗運用語言學的過程。

語言是人類思緒的凝結，我們無論是和外界溝通，或是在腦袋裡和自己對話，都需要透過語言。就算是最科普、淺顯的語言學趣味知識，也能讓我們對自己的思考方式、人類溝通的模式、語言與社會的關係產生另一層認識，最重要的，是學生通常對這類題材都很感興趣！用和語言學有關的素材來進行基本語文訓練，也不啻是一石二鳥的做法。

語言學是一個博大精深的領域，因此瑞典課綱針對高中階段的學生，挑選了幾個基本的語言學概念，其中多屬更貼近學生日常經驗，並且能提升公民素養和國際觀的社會語言學、歷史語言學範疇。瑞典課綱也不厭其煩地向教師和學生重申，閱讀任何科目的科普／學術文章的主要目的，並不是學習記憶某種知識，或是要「考」學生文章內容，而是透過這些閱讀和寫作，演練未來處理類似文本所需要的技能和意識。

08

語言的前世今生——歷史語言學

語言除了隨時間、地域、人的移動而自然變遷之外，也有許多催化因素，這些因素包括了經濟、軍事、政治、宗教、文化、科技，也常常是多種因素的混合。當語言隨著這些因素發生變化時，通常也反映了權力關係的建立或是翻轉。

歷史語言學是檢視語言變遷足跡的領域。語言的變遷是持續不斷的，在歷史上，一種語言可能分化成多種語言，多種語言也可能融合成一種語言，有的改變是自然漸進的，有的改變則更人為而急遽。

我們用唇、齒、舌、喉發出的聲音雖然有限，但是可以創造出無限的組合。如果問語言學家，現在世界上有多少種語言？得到的答案會是大約六千到七千種

（包含數百種手語）。但是為什麼是「大約」呢？這主要是由於語言實在難以界定，所以很難切確地計算數量。

這世界上九成以上人口使用的語言，都隸屬於某一個語言族系，比方說法語和西班牙語都是屬於「印歐語系的拉丁語族」。在歷史上他們都源自於拉丁文，曾經是拉丁文的兩種「方言」，然後漸漸分化，直到法語和西班牙之間的語音、語彙，以及語法差距越來越大，直到說這兩種方言的人們無法再互相理解。「無法互相理解」是一個區分語言時常用的定義，也就是說，西班牙文和法文變成了兩種語言。但是，沒有人能切確地說西班牙語和法語是從哪個時刻開始從「方言」變成了「語言」。

除了語音、語彙、和語法的相似度，政治和認同也常是界定語言的要素。比方說印度和巴基斯坦兩國的官方語言——印地語和烏爾都語，其實是可以互相理解，非常接近的語言，只是這個語言在印度是用梵文天城體書寫，而在巴基斯坦則是用阿拉伯字母書寫。

也就是說，這兩個語言的界定，根據的不是語言學原則，而是政治和宗教認

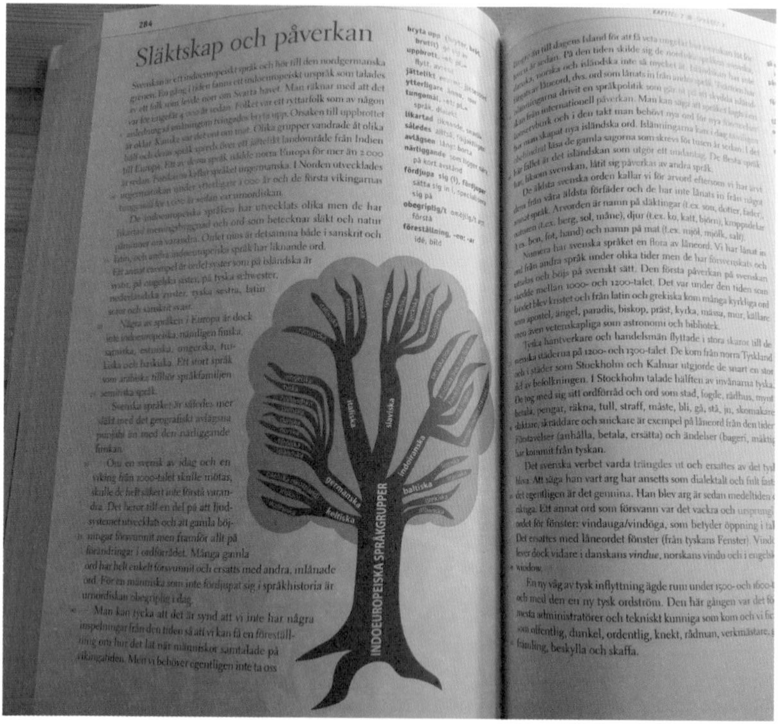

一篇介紹印歐語系中各語言的關係及其如何相互影響的科普文章。
（圖片來源：瑞典國文課本選文，Åström, Monika. (2018). *Språkporten: Svenska som andraspråk 1, 2, 3.* Studentlitteratur AB.）

同。通常因為認同而出現劃分的語言，會有越來越分化的趨向，例如印地語借用許多梵語和英語詞彙，而烏爾都語則輸入大量波斯和阿拉伯語詞彙。

而另一個完全相反的例子，是漢語的吳語、粵語、閩語和客語等「方言」，這幾個語言像法語和西班牙語一樣，從至少千年前就開始分化，很早就完全無法互相理解，但是仍然被視為一種「方言」，這個界定除了中華政治文化認同的因素之外，還基於一個漢語的特殊性質，那就是可以共用漢字書寫。

我從沒有想到自己會在瑞典文課上，讀到關於漢語的科普文。那時班上來自各國的同學都簡單介紹了自己的語言源流，我在台上介紹漢語和漢字時，大家都覺得非常不可思議，七嘴八舌地搶著提問。

語言除了隨時間、地域、人的移動而自然變遷之外，也有許多催化因素，這些因素包括了經濟、軍事、政治、宗教、文化、科技，也常常是多種因素的混合。當語言隨著這些因素發生變化時，通常也反映了權力關係的建立或是翻轉。

斯堪地那維亞語言，尤其是瑞典語、挪威語、丹麥語就和印地語與烏爾都語一樣，是非常接近的。（我有幾次看電視看到一半，才發現自己看的是挪威節目，

…na. Ett språk är tyvärr inte lika synligt, säger hon.

Storspråken dominerar

Över hälften av alla människor på jorden talar något av

världens tjugo största språk.

Språk	Miljoner talare
Mandarin 國語	874
Spanska 西班牙語	358
Engelska 英語	341
Bengali 孟加拉語	207
Arabiska 阿拉伯語	200
Hindi 印地語	185
Portugisiska 葡萄牙語	176
Ryska 俄語	167
Japanska 日語	125
Tyska 德語	100

Språk	Miljoner talare
Koreanska 韓國語	78
Wu 吳語	77
Franska 法語	77
Javanesiska 爪哇語	75
Yue (Kantonesiska) 粵語	71
Telugu 印度泰盧固語	69
Vietnamesiska 越南語	68
Marathi 印度馬拉地語	68
Tamil 印度泰米爾語	66
Turkiska 土耳其語	61
Urdu 烏爾都語	60

我在瑞典國文課上學到，全世界前 20 大語言的使用人口占全球人口的一半。在前 20 大語言中，包含「國語」（Mandarin）、吳語和粵語三種漢語。圖中數字是該語言的總使用人口（百萬）。（圖片來源：瑞典國文課本選文，Åström, Monika. (2018). *Språkporten: Svenska som andraspråk 1, 2, 3.* Studentlitteratur AB.）

不是瑞典節目。）這三個語言、種族、宗教文化都很相似的地域，在經過千餘年的互相征討後，最後演變成了三個不同的國家，和三個不同的「語言」。難怪有位著名的語言學家曾說：「語言就是一個有軍隊的方言。」

在這樣的情況下，人為的語言分化也成為重要的國族認同工程。在一八一四年之前，挪威曾受丹麥長達四百年的統治。在丹麥統治時期，挪威的上層社會使用一種以丹麥語為主體，納入部分挪威語彙的語言和書寫方式，地方民眾說的則是挪威本地方言。一八一四年，挪威脫離丹麥獨立後，為了在語言和書寫中找回國家認同，走了一條很長的語言改革之路，這個改革造成今天挪威語有兩套書寫方式，一套是保留了多一點丹麥要素，比較折衷的修訂版字母，一套是更徹底回歸挪威傳統的字母，而這兩種書寫方式都受到挪威官方公認，是很獨特的現象。

除了他國介入之外，本國語言的「標準化」也是一種大規模的人為語言變革。近代「民族國家」的概念興起，加上傳媒發展和全民教育的需求，都構成了「以一個語言凝聚一個國家」的動機，許多國家，例如德國、義大利、日本、中國，都推行了貫徹全國上下各階層的「國語運動」，也在不同程度上面臨了方言或境

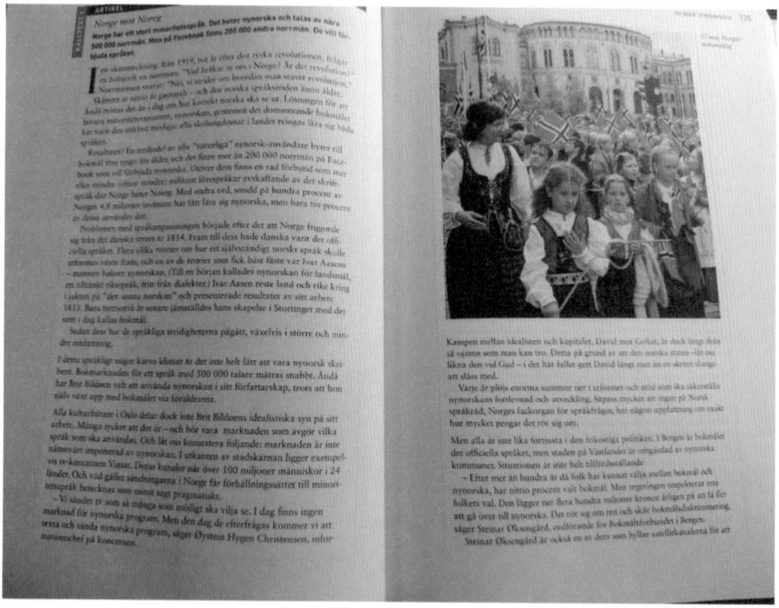

ARTIKEL

Norge mot Norge

Norge har ett stort minoritetsspråk. Det heter nynorska och talas av nära 500 000 norrmän. Men på Facebook finns 200 000 andra norrmän. De vill förbjuda språket.

I en skämtteckning från 1919, två år efter den ryska revolutionen, frågar en bolsjevik en norrman: "Vad bråkar ni om i Norge? Är det revolution?" Norrmannen svarar: "Nej, vi strider om hvordan man staver revolusjon." Skämtet är nittio år gammalt – och den norska språkstriden ännu äldre. Ändå tvistas det än i dag om hur korrekt norska ska se ut. Lösningen för att bevara minoritetsvarianten, nynorskan, gentemot det dominerande bokmålet har varit den enklast möjliga: alla skolungdomar i landet tvingas lära sig båda språken.

Resultatet? En tredjedel av alla "naturliga" nynorsk-användare byter till bokmål före tjugo års ålder, och det finns mer än 200 000 norrmän på Facebook som vill förbjuda nynorska. Utöver den finns en rad förbund som mer eller mindre (oftast mindre) militant förespråkar avskaftande av det skriftspråk där Norge heter Noreg. Med andra ord, snudd på hundra procent av Norges 4,8 miljoner invånare har fått lära sig nynorska, men bara tio procent av dessa använder det.

Problemen med språkanpassningen började efter det att Norge frigjorde sig från det danska styret år 1814. Fram till dess hade danska varit det officiella språket. Flera olika teorier om hur ett självständigt norskt språk skulle utformas växte fram, och en av de teorier som fick bäst fäste var Ivar Aasens – mannen bakom nynorskan. (Till en början kallades nynorskan för landsmål, ett tillränkt riksspråk, [illegible] från dialekter.) Ivar Aasen reste land och rike kring i jakten på "det sanna norskan" och presenterade resultatet av sitt arbete 1853. Bara trettiotvå år senare jämställdes hans skapelse i Stortinget med det som i dag kallas bokmål.

Sedan dess har de språkliga stridigheterna pågått, växelvis i större och mindre omfattning.

I detta språkligt något kärva klimat är det inte helt lätt att vara nynorsk skribent. Bokmarknaden för ett språk med 500 000 talare mättas snabbt. Ändå har Brit Bildøen valt att använda nynorskan i sitt författarskap, trots att hon själv växt upp med bokmålet via föräldrarna.

Alla kulturbärare i Oslo delar dock inte Brit Bildøens idealistiska syn på sitt arbete. Många tycker att det är – och bör vara – marknaden som avgör vilka språk som ska användas. Och låt oss konstatera följande: marknaden är inte nämnvärt imponerad av nynorskan. I utkanten av stadskärnan ligger exempelvis tv-koncernen Viasat. Deras kanaler når över 100 miljoner människor i 24 länder. Och vad gäller sändningarna i Norge får förhållningssättet till minoritetsspråk betecknas som minst sagt pragmatiskt.

– Vi sänder tv som så många som möjligt ska vilja se. I dag finns ingen marknad för nynorska program. Men den dag de efterfrågas kommer vi att texta och sända nynorska program, säger Øystein Hygen Christensen, informationschef på koncernen.

SVENSKA UTTRYCKSSÄTT 135

17 maj, Norges nationaldag

Kampen mellan idealisten och kapitalet, David mot Goliat, är dock långt ifrån så ojämn som man kan tro. Detta på grund av att den norska staten – låt oss likna den vid Gud – i det här fallet gett David långt mer än en sketen slunga att slåss med.

Varje år plöjs enorma summor ner i reformer och stöd som ska säkerställa nynorskans fortlevnad och utveckling. Såpass mycket att ingen på Norsk språkråd, Norges fackorgan för språkfrågor, har någon uppfattning om exakt hur mycket pengar det rör sig om.

Men alla är inte lika förtjusta i den frikostiga politiken. I Bergen är bokmålet det officiella språket, men staden på Vastlandet är omgärdad av nynorska kommuner. Situationen är inte helt tillfredsställande

– Efter mer än hundra år då folk har kunnat välja mellan bokmål och nynorska, har nittio procent valt bokmål. Men regeringen respekterar inte folkets val. Den lägger ner flera hundra miljoner kronor årligen på att få fler att gå över till nynorska. Det rör sig om rent och skär bokmålsdiskriminering, säger Steinar Øksengård, ordförande för Bokmålsforbundet i Bergen.

Steinar Øksengård är också en av dem som hyllar satellitkanalerna för att

瑞典寫作課本的寫作引導，學生先閱讀挪威各界人士對於保有兩種不同書寫系統的正反主張，並請學生寫一篇關於此議題的議論文，說明自己的立場。圖中選文的作者指出，一個社會要維持兩種書寫系統是非常費時費力的，無論是在教育上還是政務上，都花費了國家龐大的經費。

（圖片來源：瑞典國文寫作課本，Åström, Monika. (2018). *Språkporten: Svenska som andraspråk 1, 2, 3.* Studentlitteratur AB.）

內其他語言邊緣化的矛盾。

社會變動帶來的語言變遷

另外一個在瑞典國文和歷史課堂上都一定會學到的語言改革，是一九六〇年代瑞典經歷的「DU改革」（The You-reform）。

現在在瑞典，學生都習慣直呼老師的名諱，我剛來瑞典求學的時候不知道，常常左一句teacher，右一句teacher地喊老師，老師總是笑笑地回「我不叫老師。」而我後來自己成為老師，每次聽到瑞典學生叫我「嗨，媛媛！」，也仍然會感到渾身不對勁。

現在很難想像，就在幾十年前，瑞典社會的稱謂規範比台灣還要嚴格。在一九六〇年代之前的瑞典，第二人稱代詞「你」（DU）只適用於配偶、情人、親子和很熟的好朋友，除此之外就連兄弟姊妹之間都不使用。而在社會上人們則以姓氏和稱謂相稱，未婚女性叫小姐，已婚女性叫太太，男性則使用職稱。比方說，在公司問同事想不想喝咖啡，不能直接說「你想喝咖啡嗎？」，而必須說「會記卡爾森」或是「安德森小姐」想喝咖啡嗎？

其實在不同語言中，以第二人稱代詞「你」直呼對方都是普遍被視為不敬或不正式的。在印歐語系中，一個常見的現象是用複數人稱代詞來代替「你」，以表達敬意。在東亞語言中，中日韓語對「你」的用法也異常小心，除了存在敬稱詞以外，也習慣用姓氏、稱謂代替「你」來稱呼眼前的人。有趣的是，中文的「您」這個字在被用來當作敬稱詞之前，也常用作「你」的複數型，很有可能是「你們」的縮寫，這就是為什麼，「您們」這個詞聽起來總是怪怪的。

到了一九〇〇年代初期，瑞典開始有人認為這個嚴格的語言規範就像是個吸滿了階級和性別成見的語言膿瘡，想要把它割除，所以他們參考其他印歐語言的慣例，試圖推行用DU的複數型「NI」當作敬稱，以取代當時繁複的稱謂，這波改革稍稍掀起了風潮，但是終究沒有改變人們習慣使用稱謂的習慣。

到了二次大戰後，瑞典的經濟發展、經濟分配平等化和階級扁平化都如火如荼地進行，就在這時，語言改革的時機也終於成熟。一九六七年，瑞典國民健康局局長雷克塞德（Bror Rexed）在就任典禮上鄭重宣布：「從今天起，我將以『你（DU）』稱呼所有同仁。無論是男是女，是科長還是實習生，從今以後，（他伸手指指自己，再指指大家）只有我，和你。」很快的，瑞典直接跳過了「您」，就把「你」給普及了。雷克塞德演說的照片和他生動的演講詞，透過學校教育，就像台灣小孩讀蔣公看小魚力爭上游一樣，深植於每個世代的瑞典人心中，成為投射瑞典近代自我認同的重要意象。

當我在瑞典文課學到這項改革時，心裡很納悶，不過就是開始用「你」這個詞，有什麼好大驚小怪的？然而對瑞典人來說，瑞典過去無論在技術、文藝發展或是社會變革上都一直深受其他大國影響，但是「You 改革」可以說是瑞典第一個不依循其他國家腳步的變革，這標誌著瑞典走出自己的模式，也醞釀出成為「平權大國」的期許。

1967 年，瑞典國民健康局局長雷克塞德發表就任演說。
（圖片來源：公有領域 Public Domain，Nycop, Carl-Adam: 75 år Sverige. Höganäs）

科技帶來的語言變遷

除了社會變動的因素之外，科技帶來語言變化也是非常顯著的。近百餘年來，電信科技完全改變了人類溝通的方式和對空間的想像，以前要寫信或是碰面說的事，現在可以打個電話或是傳簡訊；以前是打電話給某人的家，現在則有各種管道可以直通個人，而這也讓我們不得不持續處於待機狀態。電子化的溝通，也帶來更視覺的對話，在文字交流之間添加了顏文字、照片、影片等豐富的視覺元素，這是否也會漸漸改變，或是已經改變了我們使用語言的方式？

我們每天都掛在嘴上的語言，它的前世今生是什麼樣子？經過什麼樣的轉變？為什麼會有這些轉變？我想這對每個使用語言的人，都是饒富趣味的問題。

台灣視角：「國語」是怎麼來的？

語言基於政治、社會因素帶來的變革，是瑞典國文課上常常著墨的教學重點。而漢語也曾經有個劃時代的語言改革，這個改革完全改變了漢語的風貌，和人們幾千年以來說話和書寫的習慣。

在廣大的華語圈，雖然許多人在家裡說著不同的母語，但「國語／普通話／華語」（因為在台灣習慣以「國語」稱呼，以下統稱「國語」）已經是大多華語圈民眾賴以交流的工具，也是主流文化娛樂的載體。不過，「國語」到底是怎麼來的呢？

「國語」的英文叫做「Mandarin」，可能源自於葡萄牙語的「mandarim」（命令），曾經指的是明清兩代地方和朝廷官員說的「官話」，是當時來自不同地方的官員處理行政事務時說的共通語言。然而今天的「國語」，卻是跨越了地域、階層和世代的共同語言。

「官話」演變成「國語」的關鍵時期在民國初年，在幾十年的期間，中文經歷了「語言標準化」和「書寫口語化」兩個重要的蛻變。

在此之前，文言文曾經是中國上千年來主要的書寫形式。從行政書信紀錄，到菁英階層編寫的各種著作，都是用文言文書寫。這種文字流通中國各地，人們可以用當地的發音把文言文讀出來。但是，文言文不是可以「說出來」的語言，和任何一種人們用來對話的口語都很不一樣，因此學習文言文就好像是學習另一種語言，非常費時費力。文言文的特質和歐洲的拉丁文有點像，是一種上層社會互相交流、繼承智識傳統的語言。

而在口語方面，一般來說，各代政商文化中心（通常是首都）使用的方言，多會自然成為一種通用語。不過在過去，不管是地理或階層的流動性都很低，絕大部分的民眾畢生只需要會說「鄉音」就足夠了，只有常與外地交流的人，或是菁英階層才有學習其他方言／語言，或是文言文的必要。

這種各地語言歧異程度大，並且識字讀寫只限於極少數群體的現象，是中外皆然。而隨著現代國家的形成，推動語言標準化、識字普及化也成為普遍趨勢。但是如果我們看看其他國家怎麼稱呼自己的語言，通常義大利語就是義大利語，瑞典語就是瑞典語，很少有國家用「國語」（National Language）這個詞代指一國語言。為什麼在台灣我們會叫它「國語」或「國文」呢？

把「國語」這兩個字作為「國家統一語言」的用法，是在日本明治時代誕生的。在明治時期以前，日本沒有所謂的「國語」課，兒童在「手習課」學基本的日文書寫，上層人士子弟也上「古典課」，而內容通常以四書五經等漢文的文言文典籍為主。一八七二年，明治政府採用西方學制設置公立學校，普及「國語」（日本語）教育，隨後也訂立首都的東京方言為「標準語」。用「國語」這個詞，反映出當時日本推行一個「通行全國，並且屬於本國」的語言的決心。也因為如此，當台灣在一八九五年成為日本殖民地，對當時的台灣人來說，「國語」指的是日語。

清末民初，中國經歷了一連串外侮國恥，當時的知識份子都極力尋思西方強盛的祕密，並普遍認同這是由於西方國家廣開民智、知識普及的原故。他們回頭檢視中國知識難以普及的原因，將其歸咎在三點，一是漢字太難學，二是文言文太難懂，三是各地語言不同難以流通。所以知識份子開始推動「國語運動」以及書寫的「白話文運動」。

為了推行標準化的「國語」，首先必須決定標準語音，也就是「國音」的訂立。一九一三年，國民政府籌備讀音統一會，召集全國各省語言學者參與讀音的審定。

當時說著南腔北調的各地學者齊聚一堂，要在分化歷史如此長久的各種「方言／語言」之間選定一個標準，席間自然是衝突爭執不斷，最後大會終於以北京官話為主體訂立了一套音韻系統。發音訂好了，用什麼符號來表示呢？有人提議羅馬字母、有人提議漢字筆畫、有人提議參考日本的五十音，採用聲韻母結合的符號。經過激烈討論後，大會採用了章太炎擷取漢字筆畫創造的一套符號，比方說ㄅ是包的古字，ㄉ是刀字的異體，這就是ㄅㄆㄇ注音符號的由來。

但是那時候的ㄅㄆㄇ和現在的看起來不太一樣，不但多出了ㄬ /gn/、ㄫ /ng/ 和ㄪ /v/ 這幾個南方語音，以及北方語音的ㄗㄧ、ㄘㄧ、ㄙㄧ，而且除了四聲以外，還保留了入聲這個中古音特徵。大會中部分的語言學者認為這個方案「折中南北，牽合古今」，最能代表漢語的豐富性。但是，這終究是一種「人造語言」，在教學現場的老師和學生想要的不是「漢語的豐富性」，而是一套不讓所有人都覺得彆扭的語音。後來，北京官話中不存在的發音和入聲調都被刪去，成為我們現在熟知的四聲和三十七個注音符號。這套稱作國語、普通話或是華語的標準語音，也成為各地華人的通用語（Lingua franca）。

「You 改革」是反映了瑞典建構現代國家形象的語言改革，而國語運動也可以說是中國現代國家建設的縮影，這個語言文字的改革不但改變了無數人說話和書寫的方式，也牽涉到當時人們對國族的理想，反映當時的地方、階層意識，在今天甚至也牽涉到了兩岸的認同。

延伸思考例題

1. 那一年，沒有被採用的注音符號

讀音統一會的副議長王照，也在清末研發了一套叫做「合聲字母」的注音符號，並長期致力於這套書寫系統的發展和教育。他深信拼音文字最終會取代漢字，因此堅持每一個漢字的拼音不能超過兩個，以求書寫便捷。他受日文假名啟發，創造了包含聲母和韻母的符號，一共有六十二個，雖然比注音符號多了二十五個，但是寫起來更簡潔。

在讀音統一會召開之前，他的合聲字母已經在各地傳播多年，是當時最具聲望的拼音方案。然而以章太炎為首的保守派不能接受王照欲以拼音字母取代漢字的意圖，最後沒有採用這套符號，這令王照十分不滿，並辭退副議長的職務。

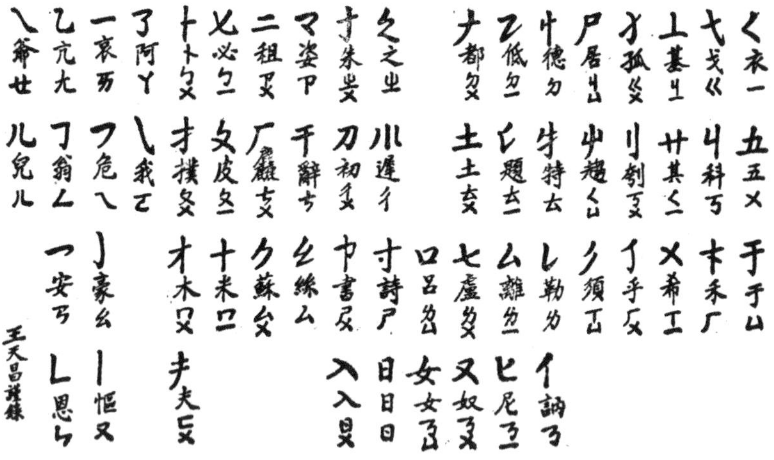

王照的合聲字母與注音符號對照。
（圖片來源：知乎專欄，https://zhuanlan.zhihu.com/p/23967043）

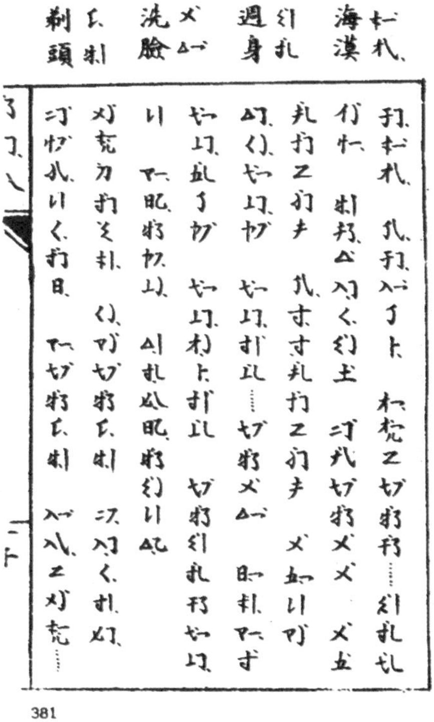

從 1900 年起，王照和學生在各地開設教授合聲字母的義塾，並推出各類通俗讀物，如《地文學》《動物學》《家政學》《算術》等，使合聲字母廣為傳播。圖為《家政學》一隅。
（圖片來源：知乎專欄，https://zhuanlan.zhihu.com/p/23967043）

想一想：

從清末以來，有許多學者提倡用拼音字母取代漢字。請搜尋資料，結合你自己的思考，替贊成與反對兩方都找出理由。你的立場傾向於贊成或者反對呢？為什麼？

（本例題由建國中學國文教師吳昌政提供）

2. 人名、地名和稱呼

歷史語言學對人名、地名的由來和變遷也很有興趣，比方說人名的分布、變遷、從父姓還是從母姓，其背後都有很深遠的社會文化因素。

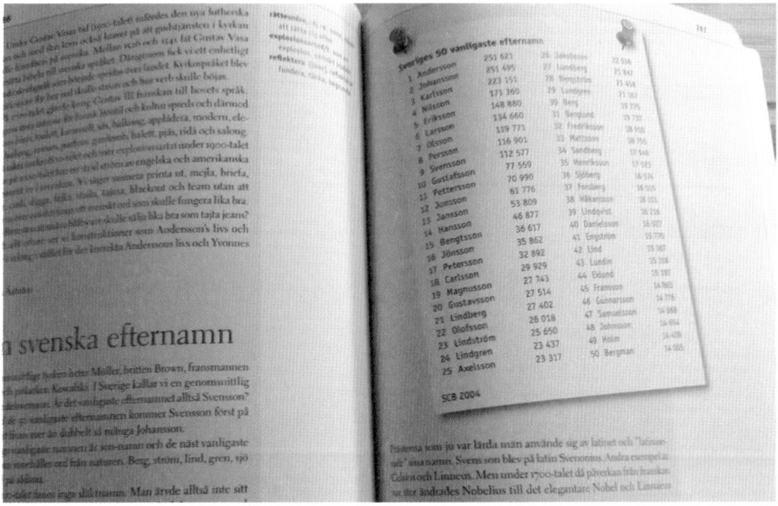

一篇介紹瑞典常見姓氏，並解釋這些姓氏淵源的科普文。
（圖片來源：瑞典國文課本選文，Åström, Monika. (2018). *Språkporten: Svenska som andraspråk 1, 2, 3.* Studentlitteratur AB.）

想一想：

- 喜瑪拉雅山第一高峰在藏語叫做「珠穆朗瑪峰」、在台灣用藏語的意譯「聖母峰」、在尼泊爾叫做尼泊爾語的「薩加瑪塔峰」、在西方和其他各國則大多叫做「埃佛勒斯峰」。你覺得這座山峰應該叫做什麼名字？
- 漢語的親戚稱謂以繁多複雜聞名，祖父母分為「內」、「外」；父母的兄弟姊妹分為「伯」「叔」「姑」「姨」；他們的子女又分為「堂」和「表」。這些區分的來源和目的是什麼？現在有許多民眾覺得祖父母和孩子都一樣親，不需要分內外，於是不再使用「外祖父外祖母」和「外公外婆」等稱呼，你贊成這種做法嗎？

09

有「正統」的語言嗎？——社會語言學

瑞典國文課綱在各種語言學範疇當中，特別重視社會語言學，目的是讓學生認識到人們常常自覺或是不自覺地透漏出其背景和社會認同的訊息，而這些訊息給聽者帶來的觀感，甚至比他們說的話還要強烈。當學生意識到這個現象，並且能分析這些訊息背後的成因，也許就能較不被成見所左右。

社會語言學探討語言中的社會成分，並試圖瞭解語言如何催化認同。如果說歷史語言學是看語言隨時間演進的脈絡，社會語言學則是看特定時間點的社會語言狀況。

同樣的，這一部分也是藉由科普、學術文章的閱讀和寫作讓學生接觸和思考，不需要進行系統性的教學和考試，而閱讀的題材必須要觸及以下兩個方向：

1. 討論階層、年齡、性別、族群、科技等社會因素如何影響人們使用語言的方式。語言如何激起歸屬感和邊緣感。
2. 瞭解瑞典和北歐社會的語言現況和語言政策。

以下是幾個課綱重點。雖然是以瑞典為探討的對象，但是可以帶入任何國家，對具有豐富社會語言環境和獨特歷史的台灣來說，也很容易找到有趣的對照，和延伸出更發人省思的討論。

語言背後的權力和認同

我們都知道地域的隔閡會造成語言發展成不同的方言，也就是地理帶來的語言「變體」。而社會上還有其他許多如階層、性別、族群、世代等因素，會讓人們使用語言的方式變得不同。比方說「社會變體」（Sociolect），是指不同社會階層的人說話方式不同，還有「年齡變體」（Chronolect）等等。使用不符合自己身分的語言，常被認為是不妥當或特異的。而在不同變體之間或語言之間，也總有比較占優勢的說話方式，而被認為是更「正確」或是更「優雅」的。

記得在瑞典語課閱讀到這個主題的時候，老師準備了很多影片，給大家聽瑞典不同族群、階層、世代的人說的瑞典語聽起來如何，而當大家聽到比較特別的腔調，總是忍俊不住。看完之後老師說，社會語言學家對這些語言變體當中，哪種比較「好」或是比較「正統」，一點興趣都沒有，他們只想探究每個變體的細節、生成的原因和變體之間的關係。

語言和認同之間的關係是那麼緊密，人們透過語言特徵（Shibboleth「示播列」）來區分你我的歷史也不斷重演。在電影《窈窕淑女》中，來自底層的女主角在語言學教授的指導下，經過長期艱辛的語言訓練，才蛻變成上層社會認可的大家閨秀。在電影《悲情城市》中，九份林家的四男，聾啞人士林文清在火車上被仇視外省人的台灣民眾質問，逼他說出了整部片唯一一句台詞：「我是台灣人。」但因為發音不正而被誤會。林文清的世界是無聲的，透過他來刻劃這場衝突，讓人感受異常深刻。

瑞典國文課綱在各種語言學範疇中，特別重視社會語言學，目的是讓學生認識到人們常常自覺或是不自覺地透漏出其背景和社會認同的訊息，而這些訊息給聽者帶來的觀感，甚至比他們說的話還要強烈。當學生意識到這個現象，並且能分析這些訊息背後的成因，也許就能較不被成見所左右。

世界的英文

全世界有最多人以漢語為母語，其次是西班牙語，英文第三。但是全世界最多人使用的第二語言則是英語。不管是在政治、商貿、學術等領域，英語長久以來已經成為說不同語言的人們使用的主要共通語。

當英文脫離英國和其他英語系國家，在全球被數以億計的人們使用，英文也持續在發生變化。部分語言學者對於英文作為一種世界共通語，在追尋「正統」的英文之外，也漸漸接受和探索另外一種「世界」的英文。這些學者研究大量非英文母語人士的溝通紀錄，歸納出英文中有哪些元素對促進聽說理解是必要的，又有哪些元素其實是不必要的。許多研究指出，英文的唇齒音〔th〕並不是促進理解的要素，說話者用〔d〕或是〔z〕的音代替，大家也能輕易聽懂。另一個不必要的是第三人稱單數的動詞加「s」這個規則，比方說「I eat. She eats.」這個「s」的存在與否，對理解完全沒有影響。

此外，他們也建議人們用英語交流時，試著去適應不同的重音配置。每個人說話把重音放在哪裡，很容易受到母語影響，以致說英語時把重音放在「錯誤」的地方，而這是特別難修正的語言習慣。而研究也發現，我們的大腦其實可以很快地統整和適應不同的重音配置。與其讓說的那一方費盡千辛萬苦去修正母語導致的習慣，如果聽的這一方只要一點點的適應和包涵就可以增進彼此的理解，何樂而不為呢？

如果回顧英語在歷史上曾經歷過的變遷，以上幾點實在不算是顯著的改變。當然，並不是每個人都樂見語言的新發展，「保守」和「求變」的意識永遠會持續相剋相生的循環。

我也曾經在瑞典語課堂上讀過一篇文章，是瑞典語言委員會主委在語言學科普雜誌《語言》月刊上寫的專欄。瑞典語言委員會由多位語言學專家組成，他們的職責是編撰瑞典語字典，研究瑞典語沿革，以及提議瑞典語標準用法。他們做的網上字典和資料庫是瑞典人使用語言的標竿，這裡標點符號要怎麼用？這裡要大寫還是小寫？遇到類似問題，瑞典民眾、教師、文字工作者都習慣上那裡查詢。

而作者在這篇專欄文章，用幽默自嘲的語調提出了幾個委員會的「失敗」。比方說當二〇〇一年來臨，委員會按以往一九〇〇年代的慣例，提出二〇〇一年的念法應該是「twenty hundred one」，但是最後瑞典人沒有聽他們的，大多人都習慣說「two thousand one」。在《瑞典日報》，有位專欄作家也寫了一篇題為：〈我為什麼拒絕說 twenty hundred〉的文章作為回覆。

同樣是一隻貓，在不同語言裡叫做 mao, cat, neko……這證明了語言是很隨機的，而且是透過群體決定的。在語言自然形成的過程中，約定俗成和溝通便利往往比「合理性」更重要。就像民初的語言學者想製造一套融合南北古今的漢語讀音，最終卻因不為大眾所接受而只能作罷。

台灣視角：標音羅馬化

在前一篇文章，我們談到「國語」如何隨著建國的過程誕生。現在華人世界使用的「國語／普通話／華語」語音，在一九三〇年基本上已經勘定，但是要用什麼標音符號？漢字要不要簡化？甚至要不要廢除漢字？這些問題讓兩岸語言學家持續爭論許久。

如果將當時知識份子對標音符號的態度歸類，可以粗略看出意識形態較偏右、注重保留傳統的學者比較排斥使用「洋人的」羅馬字母；而較偏左、主張革新的學者則偏愛羅馬字母。在前一篇也談到，經過讀音籌備會上激烈的爭辯，最後定案的是我們現在熟悉的注音符號，這套符號採用漢字形貌，在視覺上保留了漢文化的傳統。

然而在注音符號定案後，還是有一群學者鍥而不捨地推行標音羅馬化，他們的論點包括：一、使用羅馬字母較容易與世界接軌；二、注音符號是綁定在「國語」，也就是北京官話上發展出來的。如果在標示其他漢語方言、少數族群語言、和對外漢語音譯的時候還是要使用羅馬字母，那麼不如只用羅馬字母就好了。基於種種論調，中共在一九五八年正式採用以羅馬字母表示的「漢語拼音」代替注音符號。

漢字簡化

從清末以來，許多知名學者，從吳稚暉、傅斯年、蔡元培，到錢玄同、魯迅，無論意識形態左右，都曾經認為應該要廢除漢字。他們認為漢字太過艱深，難以普及到農工大眾，而且還有反映封建價值、不夠科學、不利於印刷等等缺點，總有一天要廢除。例如傅斯年就說過：「中國文字的起源是極野蠻，形狀是極奇異，認識是極不便，應用是極不經濟，真是又笨，又粗，牛鬼蛇神的文字，真是天下第一不方便的器具。」

因此發展標音符號的目的除了普及「國語」教育之外，也是一個用表音文字完全替代漢字的階段性任務。魯迅也曾經提議可以用日文表音文字（假名）和漢字共用的方法，保留部分漢字詞彙，並用表音文字表示助詞、感嘆詞等等。

然而隨著時間流逝，大多學者都漸漸意識到漢字並沒有想像中的難學、難用，也就不再執著於廢除漢字。同時，許多學者還是認為漢字筆畫太繁複，異體字和俗體字太多，必須簡化或改良。其中又以語言學家錢玄同對此最為積極。一九二二年，錢玄同提出《減省現行漢字的筆劃案》，得到許多其他學者的連署提倡。一九三五年，國民政府教育部採用錢玄同提案中的一部分，公布了《第一批簡體字表》，一共收錄了三百二十四個簡體字，其中包含俗字如「体、宝、岩、蚕」等，古字如「气、无、处、广」等，草書如「时、实、为、会」等，均是宋元以來就在民間流傳的寫法。這批簡體字是在當時流通的許多異體、俗體字當中選訂的「正體字」，簡繁正體字可以互用，並未終止繁體字的使用。

這批簡體字公布以後，立刻遭到戴季陶等保守學者的反對，認為簡化後的漢字既無美感又失去原有的意義，因此在公布不到半年後，就被教育部收回了。

而在漢字簡化史上，第一次由政府正式公布並貫徹實施的簡體字方案，是

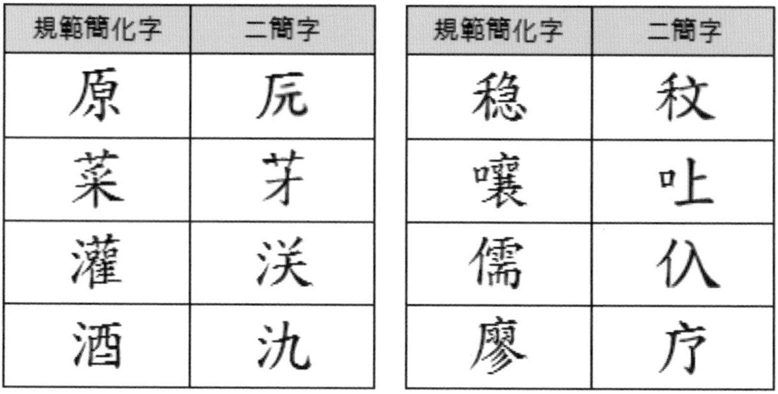

第二次漢字簡化方案因為簡化過度而難以辨識。

（作者：Tonync。圖片來源：維基百科創用 CC 授權〔 CC BY 2.0 〕）

一九五六年由中共國務院公布的《簡化字總表》，同時這些簡化字的對應繁體字也中止使用。一九六四年文革時期，中共國務院曾推出過《第二次漢字簡化方案》，但是因為簡化過劇辨識困難，遭到學者和群眾的反對而撤回。

福佬話的拼音和書寫

西方傳教士到世界各地傳教時，為了傳教以及推行政務，一方面利用羅馬化文字學習當地語言，另一方面也用羅馬字編纂字典，教導當地民眾閱讀和書寫，以學習《聖經》。

台灣在十七世紀荷領時代，就出現了平埔原住民族語的羅馬字，作為傳教和書寫買賣契約等用途。十九世紀，中國逐漸開放傳教，西方傳教士在各地為眾多華語方言制定羅馬字。在福建廈門、台灣、馬來西亞的閩南語族群間通行的羅馬字叫作「白話字」（Peh-ōe-jī；POJ），也叫作教羅（教會羅馬字）。

一九〇〇年代前半，在日本統治下的台灣開始使用源自日文假名的「台灣話

Het H. Euangelium

na [de beschrijvinge]

MATTHEI.

Het eerste Capittel.

1 HET Boeck des Geslachtes JESU CHRISTI, des soons Davids / des soons Abrahams.
2 Abraham gewan Isaac. ende Isaac gewan Jacob. ende Jacob ghewan Judam / ende sijne broeders.
3 Ende Judas ghewan Phares ende Zara by Thamar. ende Phares ghewan Esrom. ende Esrom gewan Aram.
4 Ende Aram gewan Aminadab. ende Aminadab gewan Naasson. ende Naasson gewan Salmon.
5 Ende Salmon ghewan Booz by Rachab. ende Booz gewan Obed by Ruth. ende Obed ghewan Jesse.
6 Ende Jesse ghewan David den Koningh. ende David de Koningh gewan Salomon by de ghene die Urias

Hagnau ka D'lligh

Matiktik ka na sasoulat ti

MATTHEUS.

Naunamou ki lbægh ki soulat.

1 SOulat ki kavouytan ti JEZUS CHRISTUS, ka na alak ti David, ka na alak ti Abraham.
2 Ti Abraham ta ni-pou-alak ti Isaac-an. ti Isaac ta ni-pou-alak ti Jakob-an. ti Jacob ta ni-pou-alak ti Juda-an, ki tæ'i-a-papar'appa tyn-da.
3 Ti Judas ta ni-pou-alak na Fares-an na Zara-an-appa p'ouh-koua ti Thamar-an. Ti Fares ta ni-pou-alak ti Esrom-an. Ti Esrom ta ni-pou-alak ti Aram-an.
4 Ti Aram ta ni-pou-alak ti Aminadab-an. Ti Aminadab ta ni-pou-alak ti Naasson-an. Ti Naasson ta ni-pou-alak ti Salmon-an.
5 Ti Salmon ta ni-pou-alak na Boös-an p'ouh-koua ti Rachab-an. Ti Boös ta ni-pou-alak na Obed-an p'ouh-koua ti Ruth-an. Ti Obed ta ni-pou-alak ti Jesse-an.
6 Ti Jesse ta ni-pou-alak ti David-an ka na Mei-sasou ka Si bavau. Ti David ka na Mei-sasou ta ni-pou-alak ti Salomon-an p'ouh-
A koua

CHAP. I. (1) THE book of the generation of Jesus Christ, the son of David, the son of Abraham. (2) Abraham begat Isaac; and Isaac begat Jacob; and Jacob begat Judas and his brethren; (3) and Judas begat Phares and Zara of Thamar; ar ! Phares begat Esrom; and Esrom begat Aram; (4) and Aram begat Aminadab; and A*madab begat Naasson; and Naasson begat Salmon; (5) and Salmon begat Booz of Rachab; and Booz begat Obed of Ruth; and Obed begat Jesse; (6) and Jesse begat David the king; and David the king begat

A

古荷蘭語和新港語（台灣西拉雅族語方言）並列的《聖經》，1650 年左右。
（圖片來源：公有領域 Public Domain，維基百科）

TÂI-OÂN-HÚ-SIÂⁿ KÀU-HŌE-PÒ.

TE IT TIUⁿ

Kong-sū XI nîⁿ, 6 goėh.

Tâi-oân-hú-siâⁿ ê Kàu-su mn̄g Kàu-hōe-lāi ê hiaⁿ-tī chí-moāiⁿ pêng-an :
Goân Siōng-tè siúⁿ-sù lín tāi-ke tōa in-tián.

Goán kòe--lâi chit-pêng sī in-ūi ài thôan Thian-kok ê tō-lí, hō͘ lâng bat Siōng-tè lâi tit-tióh kìu. Só͘ thôan ê tō-lí lóng sī Sèng-chheh só͘ kà-sī--ê ; nā m̄-sī Sèng-chheh ê tō-lí, goán m̄-káⁿ kóng. Só͘-í goán taùh-taùh khó͘-khǹg lín tióh thák-chheh lâi khòaⁿ Sèng-keng, ǹg-bāng lín náⁿ-kú náⁿ-bat Siōng-tè ê tō-lí ; iā m̄-bián tek-khak oá-khò Bók-su á-sī Thôan-tō-lí ê lâng lâi kóng tō-lí hō͘ lín thiaⁿ ; in-ūi lín pún-sin khòaⁿ Sèng-chheh, sīu Sèng-sîn ê kám-hòa, sui-jiân bô lâng lâi kà-sī, lín iáu kú ē chai Siōng-tè ê chí-ì. Khó-sioh lín pún-kok ê jī chin oh, chió chió lâng khòaⁿ ē hiáu--tit. Só͘-í goán ū siat pát-mih ê hoat-tō͘, ēng pėh-oē-jī lâi ìn-chheh, hō͘ lín chèng-lâng khòaⁿ khah khoài bat. Iā kīn-lâi tī chit-ê Hú-siâⁿ goán ū siat chit-ê ìn-chheh ê khì-khū, thang ìn-jī chhin-chhīuⁿ chit hō ê khoán-sit. Taⁿ goán ǹg-bāng lín chèng-lâng beh chhut-lát o̍h chiah-ê pėh-oē-jī ; aū-lâi goán nā ìn sím-mih chheh lín lóng ē hiáu--tit khòaⁿ. Lâng m̄-thang phah-sǹg in-ūi i bat Khóng-chú-jī só͘-í m̄-bián óh chit-hō ê jī ; iā m̄-thang khòaⁿ-khin i, kóng sī gín-á só͘ thák--ê. Nn̄g-iūⁿ ê jī lóng ū lō͘-ēng ; put-kò in-ūi chit-hō khah-khoài iā khah-bêng, só͘-í lâng tióh tāi-seng thák-i. Aū-lâi nāⁿ beh sòa thák Khóng-chú-jī sī chin hó ; chóng-sī pėh-oē-jī tióh khah tāi-seng, kiaⁿ-liáu nāⁿ m̄-thák, lín bē hiáu--tit khòaⁿ goán pát-jít só͘ ìn--ê. Só͘-í goán khó͘-khǹg lín chèng-lâng, jip-kàu í-kip thiaⁿ tō-lí ê lâng, lâm-hū ló-iù, bat-jī, m̄-bat-jī ê lâng lóng-chóng tióh kín-kín lâi o̍h. Chhin-chhiūⁿ án-níⁿ lín chiū ē hiáu--tit thák chit-hō ê Kaù-hōe-pò kap gōa-chheh kap Sèng-chheh. ǹg-bāng lín-ê tō-lí náⁿ-chhim, lín-ê tek-hēng náⁿ-chiâu-pī.

1885 年，台灣第一份報紙《台灣府城教會報》以白話字刊行。
（圖片來源：公有領域 Public Domain，維基百科）

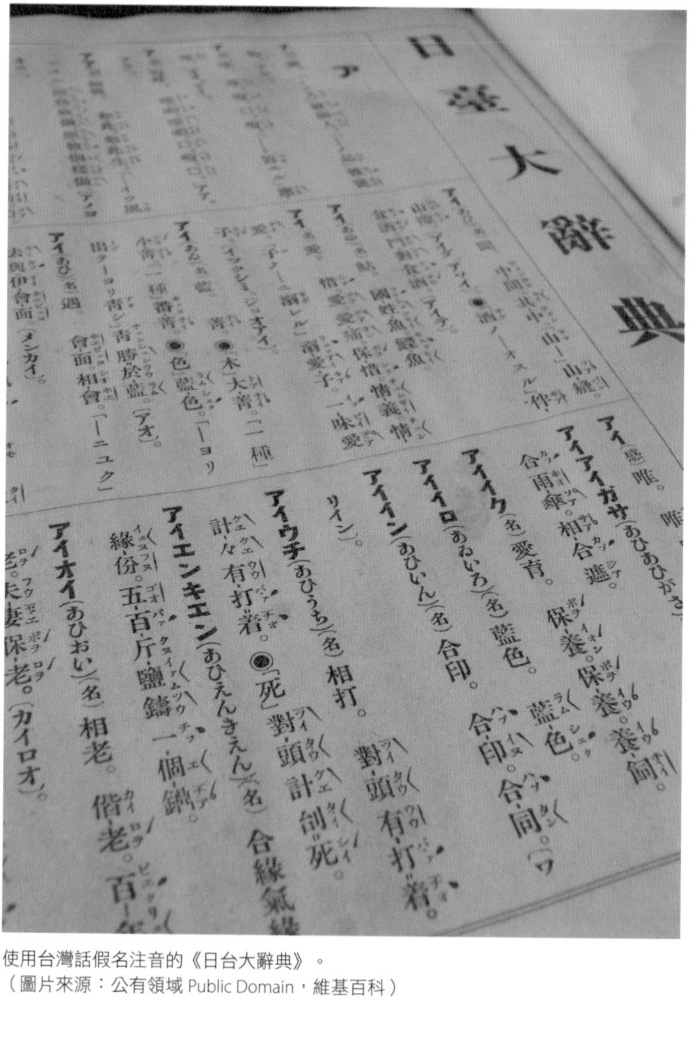

使用台灣話假名注音的《日台大辭典》。
（圖片來源：公有領域 Public Domain，維基百科）

假名」。在中日戰爭和皇民化運動期間，日本政府為了推行日文教育，禁止了白話字的使用。

一九四九年，國民政府遷台後大力推動國語和注音符號，在戒嚴期間，白話字和台灣話假名都被禁用，方言也長期遭邊緣化。解嚴後，台灣各界人士積極響應母語教育和拼音書寫，然而不同語言學者和團體之間，對於要使用何種拼音系統都各有強烈主張，難以取得共識。

Tiām-tiām tsia̍h sann uánn-kong puànn

恬恬食三碗公半。

Diam-diam ziah sāⁿ uann-gōng buann

比喻人默默地做出令人驚訝或讚嘆的事。

數位政務委員唐鳳於 2013 年，開發了包含台語和客語的數位化辭典《萌典》。在閩南語詞條上提供「方音符號」（右側注音符號）、「台語羅馬拼音」（上）、「台語通用拼音」（下）等數種拼音系統。
（圖片來源：萌典 www.moedict.tw）

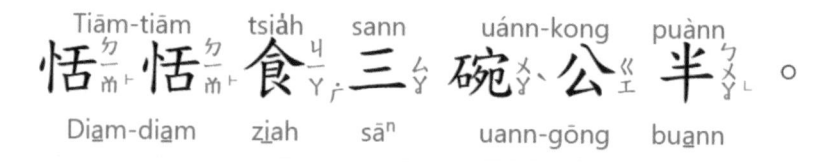

延伸思考例題

1. 識正書簡

在前篇提到，語言的分化是構成國家認同的方法之一。台灣和中國因為各自的意識形態和學者主張不同，發展出不一樣的標音符號和書寫方法，而如今注音符號ㄅㄆㄇ和正體字也已經成為台灣認同的很大一部分。許多台灣人覺得簡化後的漢字削弱了漢字的美感。然而有許多簡體字是來自傳統草書或行書，可以增加書寫的效率，因此在台灣也有人主張簡體字和正體字並存，在印刷時使用正體字，手寫時使用簡體字，也就是所謂的「識正書簡」，你可以接受這樣的做法嗎？

2. 「骰ㄊㄡˊ子」和「法ㄈㄚˇ」國？

「國音」和「國語」從一九三〇年代確立之後，也經歷了許多語音的流變。在台灣，使用不同腔調的人們長期交流，出現一字多音是很自然的現象，然而為了教學時有一致的標準，教育部在一九九九年頒布「一字多音審訂表」，將生活中常出現的多音字標準化。

定音的大致原則是：一，簡單化、標準化，無意義的一字多音可併讀為一，例如古「玩」念成「ㄨㄢˊ」或「ㄨㄢˋ」不會產生歧意，併讀為常用的「ㄨㄢˊ」。二，以常用語或口語音為主，比方說牛仔褲的「仔」，凡是廣東音的「仔」，如公仔、牛仔等，均讀為「ㄗㄞˇ」。而閩南音「ㄚ」延伸的「仔」，如歌仔戲、擔仔麵等，則讀「ㄗˇ」。

但是，長久以來已經「積非成是」的訛讀音該怎麼辨呢？例如「法國」，原本「法」字沒有四聲「ㄈㄚˋ」的發音，應當念作「法ㄈㄚˇ」國。又例如骰子的「骰」原來讀為「ㄊㄡˊ」，然而人們長久以來把同義詞「色ㄕㄞˇ子」誤植到了「骰子」上，應當取其正確的讀音「骰

ㄊㄡˊ子」。

參與定音的語言學者說：「既然是誤用就不能再錯下去，教育就是要教正確的知識。」

許多現場的教師和部分語言學者也認為：「考究語音的來龍去脈，有其高度學術價值，但是語言的目的在於溝通，若社會大眾發音已養成，應順其自然。」

你贊成哪一方的說法呢？

3. 請你查一查，支持「台羅」（台語羅馬拼音）和「台通」（台語通用拼音）的學者和群眾，各自有哪些主張？

4. 據報載，國家教育研究院徵求台灣新興詞語、流行語，後續將交由專家審查，收進新編的線上詞典。請推薦五條你在生活中聽過或者使用過的新興詞與、流行語，並且擬寫推薦詞條的解釋。

（本例題由建國中學國文教師吳昌政提供）

10

什麼是語言權？——語言政策

「語言權」背後的動機，是在於確保整體社會存在多元的語言文化，讓群眾能保有自己的語言認同，並且能接觸不同語言。每個語言都乘載了獨特的文化和記憶，一旦消失，就再也無法挽回了。現在大多國家都逐漸意識到，就算一個國家有一個主要通行語，也不代表其他少數語言就一定要漸漸消逝。只要有適當的支持，少數語言也可以代代傳承。

延續上篇，本篇探討社會語言政策，我相信讀者也一定能找到很多台灣社會的有趣對照。

瑞典的語言現況和語言政策

根據瑞典的《語言法》，瑞典的語言政策有以下四個原則：

一、瑞典語是瑞典的主要語言。

二、瑞典語必須具備完整的社會功能。

三、公家機關和民眾交流時，必須盡力使用清晰明瞭、可以讓最多人理解的瑞典語。

四、所有人都享有「語言權」。「語言權」表示人們：

1. 有權利習得和發展瑞典語。
2. 有權利習得和使用母語。
3. 有學習各種外語的可能性。

就第二「瑞典語必須具備完整的社會功能」這一點稍作說明。雖然瑞典語目前沒有存續上的危機，但是瑞典文化局的語言協會也察覺到一些威脅。比方說在某些領域和職業，尤其是自然科學研究領域，英語已經占有比瑞典語更優勢的地位，今天在瑞典幾乎所有關於自然科學的書寫都是用英語進行。雖然在知識流通全球化之下，這個現象無可避免，但是如果瑞典語詞彙不隨著需求增加，很可能從此以後有關某個領域的話題，都無法再用瑞典語討論了。針對這個現象，政府規定博士生和學者在瑞典發表英文文章時，必須包含一段瑞典語綱要，以及重要詞彙的英語-瑞典語的對照表。

少數語言和母語教育

來自母語為非瑞典語背景的孩子，不管是不是在瑞典出生，他們通常在學校說第二語言（瑞典語），在家說第一語言（母語）。然而學校和家裡的語言環境很不同，比方說學生較常用第一語言和家人進行較私領域的、非正式的交流，而在學校則用瑞典語練習讀和寫、拓展不同知識領域的詞彙，以及更多公領域的交流。研究指出，讓孩子有機會也在學校的語境下學習第一語言，對第一、第二語言的發展都具有相輔相成的效果，也能從中幫助孩子建立認同。

在我兒子的幼兒園，老師讓母語為非瑞典語的孩子當「母語小老師」，教大家怎麼說簡單詞彙，並且為大家示範「兩隻老虎」這首歌用自己的母語要怎麼唱（兩隻老虎是一首擁有非常多語言版本的兒歌）。每個孩子在擔任「小老師」時，都對自己的母語充滿驕傲，我兒子最早能整首唱完的中文兒歌就是「兩隻老虎」。知道學校和社會在乎自己的語言和文化，對孩子來說是一種莫大的肯定。而對其他的孩子來說，只從一個立足點看到的世界難免充滿盲點和局限，透過瞭解不同的語言文化，也可以及早養成更寬廣的態度。

瑞典有五個官方認定的「國家少數語言」，包括薩米語（斯堪地那維亞北部原住民薩米人的語言）、芬蘭語、梅安語（瑞典和芬蘭邊界的一種芬蘭方言）、羅曼語（正名後的吉普賽語）、猶太語。這些語言在瑞典境內的流通都橫跨了多個世代，薩米語和芬蘭語更是自古就和瑞典語並存。這五種語言加上瑞典語和瑞典手語，是瑞典公認的七個國家語言，母語是這幾個語言的人，都有權使用母語和公家機關交流。

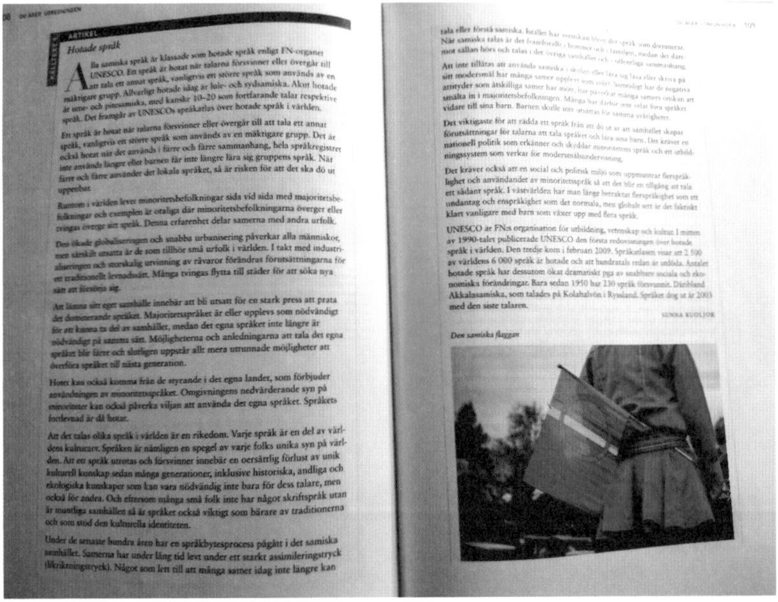

ARTIKEL

Hotade språk

Alla samiska språk är klassade som hotade språk enligt FN-organet UNESCO. Ett språk är hotat när talarna försvinner eller övergår till att tala ett annat språk, vanligtvis ett större språk som används av en mäktigare grupp. Allvarligt hotade idag är lule- och sydsamiska. Akut hotade är ume- och pitesamiska, med kanske 10–20 som fortfarande talar respektive språk. Det framgår av UNESCOs språkatlas över hotade språk i världen.

Ett språk är hotat när talarna försvinner eller övergår till att tala ett annat språk, vanligtvis ett större språk som används av en mäktigare grupp. Det är också hotat när det används i färre och färre sammanhang, hela språkregistret inte används längre eller barnen får inte längre lära sig gruppens språk. När färre och färre använder det lokala språket, så är risken för att det ska dö ut uppenbar.

Runtom i världen lever minoritetsbefolkningar sida vid sida med majoritetsbefolkningar och exemplen är otaliga där minoritetsbefolkningarna överger eller tvingas överge sitt språk. Denna erfarenhet delar samerna med andra urfolk.

Den ökade globaliseringen och snabba urbanisering påverkar alla människor, men särskilt utsatta är de som tillhör små urfolk i världen. I takt med industrialiseringen och storskalig utvinning av råvaror förändras förutsättningarna för ett traditionellt levnadssätt. Många tvingas flytta till städer för att söka nya sätt att försörja sig.

Att lämna sitt eget samhälle innebär att bli utsatt för en stark press att prata det dominerande språket. Majoritetsspråket är eller upplevs som nödvändigt för att kunna ta del av samhället, medan det egna språket inte längre är nödvändigt på samma sätt. Möjligheterna och anledningarna att tala det egna språket blir färre och slutligen uppstår allt mera utrunnade möjligheter att överföra språket till nästa generation.

Hotet kan också komma från de styrande i det egna landet, som förbjuder användningen av minoritetsspråket. Omgivningens nedvärderande syn på minoriteter kan också påverka viljan att använda det egna språket. Språkets fortlevnad är då hotat.

Att det talas olika språk i världen är en rikedom. Varje språk är en del av världens kulturarv. Språken är nämligen en spegel av varje folks unika syn på världen. Att ett språk utrotas och försvinner innebär en oersättlig förlust av unik kulturell kunskap sedan många generationer, inklusive historiska, andliga och ekologiska kunskaper som kan vara nödvändig inte bara för dess talare, men också för andra. Och eftersom många små folk inte har något skriftspråk utan är muntliga samhällen så är språket också viktigt som bärare av traditionerna och som stöd den kulturella identiteten.

Under de senaste hundra åren har en språkbytesprocess pågått i det samiska samhället. Samerna har under lång tid levt under ett starkt assimileringstryck (likriktningstryck). Något som lett till att många samer idag inte längre kan tala eller förstå samiska. Istället har svenskan blivit det språk som dominerar. När samiska talas är det framförallt i hemmet och i familjen, medan det däremot sällan hörs och talas i det övriga samhället och i offentliga sammanhang.

Att inte tillåtas att använda samiska i skolan eller lära sig läsa eller skriva på sitt modersmål har många samer upplevt som svårt. Samtidigt har de negativa attityder som åtskilliga samer har mött, har påverkat många samers önskan att smälta in i majoritetsbefolkningen. Många har därför inte velat föra språket vidare till sina barn. Barnen skulle inte utsättas för samma svårigheter.

Det viktigaste för att rädda ett språk från att dö ut är att samhället skapar förutsättningar för talarna att tala språket och lära sina barn. Det kräver en nationell politik som erkänner och skyddar minoriteters språk och ett utbildningssystem som verkar för modersmålsundervisning.

Det kräver också att en social och politisk miljö som uppmuntrar flerspråkighet och användandet av minoritetsspråk så att det blir en tillgång att tala ett sådant språk. I västvärlden har man länge betraktat flerspråkighet som ett undantag och enspråkighet som det normala, men globalt sett är det faktiskt klart vanligare med barn som växer upp med flera språk.

UNESCO är FN:s organisation för utbildning, vetenskap och kultur. I mitten av 1990-talet publicerade UNESCO den första redovisningen över hotade språk i världen. Den tredje kom i februari 2009. Språkatlasen visar att 2 500 av världens 6 000 språk är hotade och att hundratals redan är utdöda. Antalet hotade språk har dessutom ökat dramatiskt pga av snabbare sociala och ekonomiska förändringar. Bara sedan 1950 har 230 språk försvunnit. Däribland Akkalasamiska, som talades på Kolahalvön i Ryssland. Språket dog ut år 2003 med den siste talaren.

SUNNA KUOLJOK

Den samiska flaggan

瑞典寫作課本的寫作引導，學生先閱讀瑞典的少數語言政策和其面臨的挑戰，並請學生寫一篇關於此主題的調查報告文，彙整相關資訊。圖中照片為薩米民族旗幟。
（圖片來源：瑞典國文寫作課本，Eklund, C., & Rösåsen, I. (2018). *Formativ svenska 2*. Stockholm: Liber AB.）

每年 2 月 6 日是各國薩米族人的「薩米民族日」，薩米長者為孩子穿上傳統服飾。
（攝影：Lola Akinmade Åkerström。圖片來源：瑞典國家圖庫 imagebank.sweden.se）

在教育方面，學校有義務為第一語言是「國家少數語言」的孩子提供母語課。此外，瑞典還有其他一百多種移民人口說的少數語言，原則上以這些語言為母語的孩子都有權利上母語課，但在現實中，為每個孩子找合適的母語老師是很不容易的。瑞典語言法規定，只要在一個城鎮中有五個以上的孩子符合接受某種母語教育的條件，這個城鎮就有義務為他們提供母語課。

一個語言的活躍，來自政治、經濟和文化的支持，相對的，一個語言的式微，往往也代表著一個族群處於弱勢。（這種實質或是文化上的弱勢，常造成父母擔憂孩子國語「學不好」或是帶有「口音」，而選擇不和孩子說母語。）因此母語課程觸及的層面不僅限於語言教學，更攸關各族群的自我認同，而教育雖然只是其中的一個環節，卻有著拋磚引玉的作用。在學校一週上一次母語課，效果可能很有限，但是官方支持母語教學是一種社會的宣示和姿態，可以轉變人們（包括少數族群自身）對少數語言的觀感，也提升對多族群社會的包容性。

多語社會和多語學習

在上一篇，我們談到近代民族國家的形成，掀起了「一國一語」的趨勢，這一點在瑞典也不例外，在一八〇〇年代，瑞典也曾經致力成為「單語國家」。當時在瑞典境內說薩米、芬蘭語等語言的民眾和孩子不會讀寫自己的母語，在社會上也少有使用母語的空間，這使多數人漸漸遺忘了自己的母語。經過了一世紀的單語國家政策，在一九〇〇年代中期，瑞典才開始重視境內少數語言。

「語言權」背後的動機，是在於確保整體社會存在多元的語言文化，讓群眾能保有自己的語言認同，並且能接觸不同語言。每個語言都乘載了獨特的文化和記憶，一旦消失，就再也無法挽回了。現在大多國家都逐漸意識到，就算一個國家有一個主要通行語，也不代表其他少數語言就一定要漸漸消逝。只要有適當的支持，少數語言也可以代代傳承。此外，多語學習除了能滿足國際化的職場需求之外，對個人來說，在多語環境成長或是積極學習外語，不但能帶來跨文化視野，在使用外語的過程中也常會對母語，也就是一個人既定的思考迴路帶來刺激和反思。比方說我總是在找不到適合的翻譯時，才開始思考到底什麼是「撒嬌」？什麼是「Integrity」？每一次的納悶和尋思，都帶來對文化差異的深刻體悟。

「這個世界上有幾個語言？」這個問題終究不會有確切的答案。而瑞典國文課綱真正想讓學生思考的問題，是我們如何給予不同語言其應得的尊重和空間，並豐富彼此使用語言的經驗。

延伸思考例題

1. 二〇一九年，台灣也公布了《國家語言發展法》，請你上網至「全國法規資料庫」查詢，這部法規的內容是什麼？有哪些語言被視為台灣的「國家語言」？

2. 二〇一九年九月，立法院依《國家語言發展法》安排特約口譯，包括閩南語三人、客語類兩人。基進黨立委陳柏惟二十七日在國防委員會進行質詢時，決定用母語質詢，並申請了閩南語的同步口譯。然而備詢的國防部長邱國正認為，陳柏惟具備充分的國語聽說能力，此舉有作秀嫌疑。邱也指出語言是溝通的工具，「共用工具」較方便，並認為質詢時間不可因為加入口譯流程而延長。

a. 請你上網查詢，挑選針對此事件公開發言的幾位不同立場的公眾人物，並寫一篇調查報告，整理他們各提出了哪些觀點。這篇文章的目的是提供資訊和呈現不同觀點。

b. 你贊成具備充分國語聽說能力的立委，也有權力使用母語進行質疑，並造成質詢時間延長嗎？請寫一篇議論文說明你的立場。這篇文章的目的是說服讀者。

3. 台灣的語言環境十分豐富，母語教育也實施了十多年（二〇〇一年開始在中小學實施閩語、客語、原住民族語課程，108課綱也加入了東南亞七國新住民語言課程），然而對於母語教育，還存在很多爭議和困境。比方許多家長擔心母語課會擠壓到其他教學時間，也有新住民家長擔心孩子學了母語，說中文會有「腔調」而受歧視，而使用人口較少的小語種也有師資不足的問題。在教學上，教材的編成、如何在課堂上創造語境、是否實施雲端課程等等，都是要思考的問題。

請你選擇以上提到的一種語言，調查這個語言的教學推動狀況、目前的支援政策，以及正在面臨的挑戰。準備一個約五～六分鐘的口頭報告，搭配PPT或其他輔佐工具，向同學說明你的調查結果。

附錄一
國文科全國期末考試和升大學語文考試題型

國文科全國期末考，是針對學生階段性學習表現的全國性評量。這個考試的目的是協助老師設計題目，促進平等的評分，並能作為學力指標，反映每位學生已經達到學習目標和必須加強的部分。此外，也能對全國學生的學習情況做更全面的追蹤和分析。

高中國文科的全國期末考在高一和高三舉行，兩次考試都分為三個部分。

A、口語表達

B、閱讀理解

C、寫作

A、口語表達

口語表達的題目在考試兩周前就會寄到各校。國文老師花一節課的時間和學生一起討論題目，也把考試流程走過一遍，仔細說明考試要求和評分標準。接下來學生有一個星期的時間準備一個五分鐘的口語報告，並且填寫一份「口語報告摘要」提供給老師。

考試當天，每五到六位同學一組輪流上台報告，報告結束之後，台下聽眾提出問題，進行群體討論，最後每位同學也要填寫一份「互評表」，評價同學的報告。每一組學生的考試時間約為一小時，一共會花半天到一天的時間，所以通常和閱讀、寫作部分分開，在不同日期考試。

為了讓每位同學的報告內容更多元，口語表達題的範圍很廣，同學在和老師討論後，選擇自己想報告的主題：

1. 一個著名的近代歷史事件（可以從其中一個人物，或是從一個階層、族群的視角來說明一個事件，如瑞典史上有名的罷工事件、前首相暗殺事件等等。）

2. 警察和社會（探討警察要用什麼方式和社會互動，看到更多警察會讓人感到安心嗎？「警察」這個職業在歷史上的變遷等等。）

3. 媒體技術革命（從竹簡到平板電腦，人類傳播文字和思想的技術一直在更新。傳播媒體數位化對閱讀習慣、出版產業和智慧財產權帶來了哪些變化？對語言習慣、人際關係和政治文化帶來哪些影響？）

準備程序：

- 從主題下的建議中選擇一個主題，或自己想一個的主題。
- 進行相關的閱讀，引用資料以豐富報告的內容。
- 運用修辭學規畫你的報告，修辭的目的是說服你的聽眾，也就是你的同學。
- 準備PPT等演示工具，幫助聽眾理解。
- 填寫報告摘要，盡早交給你的老師。

Detta ska du göra:

Håll ett anförande på ungefär **5 minuter** där du argumenterar för en tes inom temat.

- Välj ett ämne bland förslagen under rubriken *Ämnesförslag* eller hitta på ett eget ämne. Den åsikt du framför ska handla om medieteknik.
- Ta hjälp av retorikens verktyg när du planerar och genomför ditt anförande, och använd dessa för att övertyga din publik, det vill säga klasskamraterna.
- Använd gärna en eller flera källor för att få ett informativt och intresseväckande innehåll.
- Om du vill kan du använda ett presentationstekniskt hjälpmedel.
- Fyll i elevformuläret. Detta ska lämnas till din lärare i god tid innan du håller anförandet.

Ämnesförslag

Detta är några förslag. Du är fri att själv formulera en egen tes inom temat *medieteknik*.

口語報告的題目和啟發學生靈感的小題標。
（圖片來源：烏普薩拉大學國語文考試團隊網站 natprov.nordiska.uu.se）

評分項目包括以下幾點：

1. 講者：口語報告的清晰程度、內容結構、引用資料來源、視覺輔佐工具（如PPT）、理解聽眾的問題並應答。
2. 聽眾：提出問題和具建設性的評價。

B、閱讀理解（2小時）

閱讀多篇不同體裁的文章。題型和台灣的閱讀測驗很相似，有選擇和簡答題。就我自己的經驗來說，閱讀材料的長度和複雜度都頗高，選擇題裡有很多陷阱，如果對文章內容沒有透徹理解，很容易選到似是而非的選項，因此老師也提醒同學一定要反覆再三地細讀。

高三國文沒有閱讀理解題，只有寫作題。雖然稱作「寫作題」，卻也極度考驗閱讀的能力。學生拿到的試卷本厚厚的，一般會包括超過十篇的文章，其中也有不少較深難的學術文章。這些文章都和某個大主題有關，例如「語言的歷史」、

國家期末考試。現在大部分學生都選擇使用電腦作答。
（攝影：Sonny Thoresen。圖片來源：《赫爾新堡日報》〔hd.se〕）

「童話」等。

寫作題一共有三道，學生從中選擇一道作答。每一道寫作題需要參考的文章都不太一樣，因此學生必須在快速略讀十餘篇文章後，找出適合的文章進行精讀和寫作。看到這樣的考試題型，我很能理解為什麼在我先生的學校，每年都會有學生一邊寫一邊哭，或是把早餐嘔吐在考卷上。但是轉念想想，如果未來想上大學，這些都是必要的能力。

C、寫作

寫作部分以閱讀理解的文章為基礎，一共有三種不同的寫作題讓學生任選一題，完成一篇約七百～八百字（中文大約五百到六百字）的文章。

高一題目（二〇二一年）：衣著風格和身分認同

在節錄自《我的故事：我是茲拉坦·伊布拉希莫維奇〔Zlatan

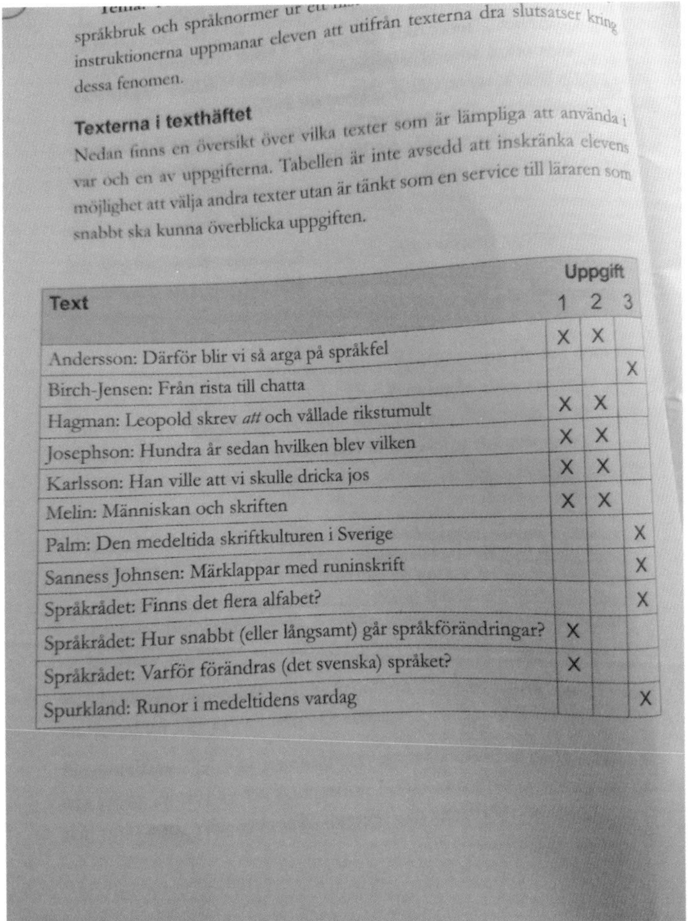
språkbruk och språknormer ur ett ... instruktionerna uppmanar eleven att utifrån texterna dra slutsatser kring dessa fenomen.

Texterna i texthäftet

Nedan finns en översikt över vilka texter som är lämpliga att använda i var och en av uppgifterna. Tabellen är inte avsedd att inskränka elevens möjlighet att välja andra texter utan är tänkt som en service till läraren som snabbt ska kunna överblicka uppgiften.

Text	Uppgift 1	2	3
Andersson: Därför blir vi så arga på språkfel	X	X	
Birch-Jensen: Från rista till chatta			X
Hagman: Leopold skrev *att* och vållade rikstumult	X	X	
Josephson: Hundra år sedan hvilken blev vilken	X	X	
Karlsson: Han ville att vi skulle dricka jos	X	X	
Melin: Människan och skriften	X	X	
Palm: Den medeltida skriftkulturen i Sverige			X
Sanness Johnsen: Märklappar med runinskrift			X
Språkrådet: Finns det flera alfabet?			X
Språkrådet: Hur snabbt (eller långsamt) går språkförändringar?	X		
Språkrådet: Varför förändras (det svenska) språket?	X		
Spurkland: Runor i medeltidens vardag			X

2014年高三國文試卷本裡包含12篇文章，在教師手冊裡，出題團隊為老師整理出三個題目和和哪些文章有關聯。

Ibrahimovi 〕》（2011）一書的文章中，足球明星茲拉坦講述他轉學到一所新學校，一踏進校門，他就察覺自己的穿著完全「錯」了。人們在生活中常常需要依場合和情況調整自己的穿著打扮。衣服和外表細節對你來說意味著什麼？

時尚雜誌《Stajl》即將刊登一系列有關穿著風格和身分認同的特輯，並且向讀者徵稿。您決定寫一篇文章投稿，這篇文章的目的是就該問題提供幾種觀點，啟發更多討論。說明外觀和風格如何引起不同的印象，並且解釋為什麼很多人想透過他們的外表來表明某種身分。引用茲拉坦的故事和其他在《B 閱讀理解試卷本》的相關文章內容（在閱讀理解部分有另外兩篇關於外表和印象的科普文章）。請記住，讀者沒有閱讀過這些文章。

高一題目（二〇一二年）：生產和消費習慣

在林德曼（Elin Lindman）的報導文〈垃圾桶潛水〉（載自《南瑞典日報》〔*Sydsvenskan* 〕，27.2.2011）中，採訪了一群「垃圾桶潛水員」，他們靠著過期、賣相不好或是賣不掉而扔掉的食品維生。這些年輕人認為生產一樣東西之後再把它扔掉，是很不合理的。但是很多人認為今天的生產和消費模式雖然造成必要的浪費，但是也創造了經濟成長和財富。

這篇報導文在《南瑞典日報》刊登後，引起許多關於消費習慣和生活方式的爭論。你決定投稿一篇議論文，文章的目的是引起大眾對該問題的興趣，並就你的立場說服讀者。

今天的生產和消費模式是正確的還是錯誤的？請表明你的立場，並提出詳細的論證。引用林德曼的報導，和其他在《B 閱讀理解試卷本》的文章中與你的論點相關內容。請記住，讀者沒有閱讀過這些文章。

高一題目（二〇一三年）：和我不同的朋友

家庭背景、經濟情況、興趣等各種因素都會影響友誼的可能性。阿根廷作家赫克（Liliana Heker）在短篇小說〈別人的派對〉（*The others' party*，載自《*Karavan*》[1]，2012:4）中描述，清潔女工的女兒 Rosaura 受邀參加富裕朋友的派對。來自不同背景的人能建立友誼的關鍵是什麼？

在一個網路論壇的心理學版上，有網友提到他和來自不同階層背景的朋友之間產生的問題，寫一篇文章回應這個討論，這篇文章的目的是喚起公眾對這個問題的興趣，並提供幾種不同的觀點。討論擁有與自己不同的朋友的意義，提出優點和缺點，以及可以促進這類友誼的要素。引用〈別人的派對〉和其他在《B閱讀理解試卷本》的相關文章內容。請記住，讀者沒有閱讀過這些文章。

高三寫作是以準備大學教育為主，所以寫作題多是以大學課堂為背景。

高三題目（二〇一一年）：新時代的老故事

你剛上大學，老師給你的第一個作業是寫一個以童話為主題的調查報告。你必須針對一個命題蒐集來自不同來源的事實和觀點，對其進行匯整、分析後提出結論。你的同學將會閱讀你的報告，以獲取關於該主題的資訊。

命題：〈小紅帽〉，〈白雪公主〉和《一千零一夜》不斷推出新版本。其他古老的故事和傳說也持續引起人們的興趣。為什麼古老的故事今天仍然流行？引用閱讀篇章當中的事實和觀點，分析古老的故事中有哪些吸引人的特質，並提出這些故事在今天仍然流行的理由。結論必須基於你對閱讀資料的分析。

高三題目（二〇一四年）：古文字的痕跡

你剛上大學，老師給你的第一個作業是寫一份以語言的歷史為主題的調查報告。你必須針對一個命題蒐集來自不同來源的事實和觀點，對其進行匯整、分析後提出結論。你的同學將會閱讀你的報告，以獲取關於該主題的資訊。

命題：大約在西元一〇〇〇年代，羅馬字母就隨著基督教傳入北歐而且日漸普及。然而一直到一二〇〇年代，還是可以在北歐社會各處找到北歐古文字「Rune」的痕跡。為什麼當時的人們在使用羅馬字母的同時，仍然在某些場合使用古文字呢？引用閱讀篇章中的事實和觀點，分析古文字在當時的用途，並提出人們使用古文字的理由。結論必須基於你對閱讀資料的分析。

1 《Karaven》（絲綢之路）是一本刊登亞、非、南美洲文學作品的瑞典月刊。

寫作注意項目

你必須在三種不同的寫作命題之間選擇一題作答，無論選擇的是哪一個，寫作時都需要牢記以下幾點：

1. 內容和格式必須完全遵循符合題目指定的體裁和寫作背景。
2. 寫作內容不得只陳述自己的看法，必須援引其他文章中的見解。
3. 引用他人的文章內容、研究結果和看法時，必須使用正確的引用格式。

評分標準

這個國家期末考試的評分是由個別老師進行，為協助老師給分，考題團隊提供了詳細的評分框架。在教育部網站上有教師交流平台，讓教師和國家考試團隊以及其他老師討論在評分時遇到的問題。此外，由於每一份考題都經過國內某些班級的實際測試，所以考試團隊能提供得到 A～F 不同成績的學生例文，詳細分析該學生得到某個成績的原因。因為參與題目的測試是一個很好的模擬考試練習，所以許多老師會主動為班級報名參與這項測試。

一共 85 頁的評分標準和評分範例，老師改完考卷，這本教師手冊通常也快被翻爛。

閱讀習慣養成——

補習也沒有用的升大學國文考試

在瑞典升大學主要是看在校成績，但是如果覺得自己在校成績不理想，也可以參加一個大學入學考試。瑞典大學入學考試的內容只有語言和數學兩類，一共一百六十題。

設計這個考試的團隊很小心地研發題目，希望辨識出有兩種能力的學生，一是演算和邏輯，二是處理和吸收複雜資訊的能力。由於這個考試能反映出一個人的對語言和數學的基本素養，每年考題公布後社會人士也爭相作答，以得到高分為榮。

數學	語言
1. 計算	5. 字彙
2. 比較	6. 完成句子
3. 推理	7. 瑞典文閱讀
4. 數據、圖表和地圖	8. 英文閱讀

要準備這個考試，除了數學的前三個部分需要多做高中階段的數學練習題之外，從第四～八部分，大考中心對學生說只有一個準備方法，那就是大量、多元的閱讀，沒有其他的捷徑。大考中心在研發題型時以此為準則，致力設計出閱讀量越多，閱讀的內容越複雜多元的人，成績就會越高的題目。甚至是在前三部分，也有很多數學題目是以文字敘述為主，對閱讀理解也是一大考驗。

為了最大化被大學錄取的機會，很多想要上熱門科系的瑞典學生選擇兼顧兩種成績，一方面要維持平時在校成績，一方面也要為大學入學考試進行課內外的閱讀。他們的升學壓力也許和台灣在性質上不同，但也絕對不輕鬆。

在閱讀書單方面，瑞典高中各科老師和圖書館會推薦學生各類提升字彙量、理解力，獲取文學、科學知識的書，避免讓學生只埋頭看他們有興趣的書籍。我婆婆畢生都在圖書館工作，她從來沒有干涉過我先生的課業，只有在我先生高三時，隔週從圖書館帶一本書回家要求我先生閱讀。

瑞典升學考試的語文科部分完全沒有考試範圍，準備方法也很單純，所以就算想補習也沒有太大的效用。目前在台灣，要是教師和學者把「補習也沒有用」

當作一個大考的出題準則，大概會受到極大的抗議吧。但我相信只有慢慢往這個方向走，台灣才能離教學正常化更接近一步。

附錄二
從語文中看到性別

對男子氣概（masculinity）＆女人味（femininity）的期待和成見，是如何透過語言出現在我們生活周遭？男性作家和女性作家的創作環境、條件，其書寫對象和表達的訊息有何異同？

對性別的思考，是瑞典所有學校科目都會觸及的課題。而在瑞典國文課上，學生閱讀和性別議題有關的非文學類文章，也練習用性別視角去分析語言和文學。

在非文學類的部分，閱讀和書寫練習涵蓋各種議題，性別議題自然也是其中之一。此外，瑞典每一個高三學生都必須完成一篇畢業論文，而性別議題也是很多學生感興趣，並且選擇作為研究對象的主題。

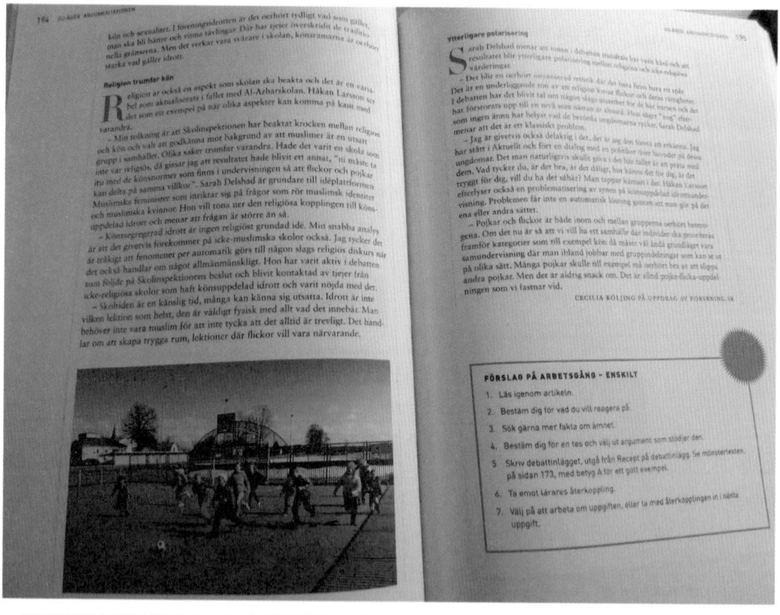

194 ... kön och sexualitet. I föreningsidrotten är det oerhört tydligt vad som gäller, man ska bli bättre och vinna tävlingar. Där har tjejer överskridit de traditionella gränserna. Men det verkar vara svårare i skolan, könsramarna är oerhört starka vad gäller idrott.

Religion trumfar kön

Religion är också en aspekt som skolan ska beakta och det är en variabel som aktualiserats i fallet med Al-Azharskolan. Håkan Larsson ser det som ett exempel på när olika aspekter kan komma på kant med varandra.

– Min tolkning är att Skolinspektionen har beaktat krocken mellan religion och kön och valt att godkänna mot bakgrund av att muslimer är en utsatt grupp i samhället. Olika saker trumfar varandra. Hade det varit en skola som inte var religiös, då gissar jag att resultatet hade blivit ett annat, "ni måste ta itu med de könsnormer som finns i undervisningen så att flickor och pojkar kan delta på samma villkor". Sarah Delshad är grundare till idéplattformen Muslimska feminister som inriktar sig på frågor som rör muslimsk identitet och muslimska kvinnor. Hon vill tona ner den religiösa kopplingen till könsuppdelad idrott och menar att frågan är större än så.

– Könssegregerad idrott är ingen religiöst grundad idé. Min snabba analys är att det givetvis förekommer på icke-muslimska skolor också. Jag tycker det är tråkigt att fenomenet per automatik görs till någon slags religiös diskurs när det också handlar om något allmänmänskligt. Hon har varit aktiv i debatten som följde på Skolinspektionens beslut och blivit kontaktad av tjejer från icke-religiösa skolor som haft könsuppdelad idrott och varit nöjda med det.

– Skoltiden är en känslig tid, många kan känna sig utsatta. Idrott är inte vilken lektion som helst, den är väldigt fysisk med allt vad det innebär. Man behöver inte vara muslim för att inte tycka att det alltid är trevligt. Det handlar om att skapa trygga rum, lektioner där flickor vill vara närvarande.

Ytterligare polarisering ... 195

Sarah Delshad menar att tonen i debatten mestadels har varit hård och att resultatet blir ytterligare polarisering mellan religiösa och icke-religiösa värderingar.

– Det blir en oerhört onyanserad retorik där det bara finns bara ett spår. Det är en underliggande ton av att religion kuvar flickor och deras rättigheter. I debatten har det blivit tal om någon slags utanförskap för de här barnen och det har förstorats upp till en nivå som nästan är absurd. Hon säger "nog" eftersom ingen ännu har belyst vad de berörda ungdomarna tycker. Sarah Delshad menar att det är ett klassiskt problem.

– Jag är givetvis också delaktig i det, det är jag den första att erkänna. Jag har stått i Aktuellt och fört en dialog med en politiker över huvudet på dessa ungdomar. Det man naturligtvis skulle göra i det här fallet är att prata med dem. Vad tycker du, är det bra, är det dåligt, hur känns det för dig, är det tryggt för dig, vill du ha det såhär? Man tappar kärnan i det. Håkan Larsson efterlyser också en problematisering av synen på könsuppdelad idrottsundervisning. Problemen får inte en automatisk lösning genom att man gör på det ena eller andra sättet.

– Pojkar och flickor är både inom och mellan grupperna oerhört heterogena. Om det nu är så att vi vill ha ett samhälle där individer ska prioriteras framför kategorier som till exempel kön då måste väl ändå grundläget vara samundervisning där man ibland jobbar med gruppindelningar som kan se ut på olika sätt. Många pojkar skulle till exempel må oerhört bra av att slippa andra pojkar. Men det är aldrig snack om. Det är alltid pojke-flicka-uppdelningen som vi fastnar vid.

CECILIA KÖLJING PÅ UPPDRAG AV FORSKNING.SE

FÖRSLAG PÅ ARBETSGÅNG – ENSKILT

1. Läs igenom artikeln.
2. Bestäm dig för vad du vill reagera på.
3. Sök gärna mer fakta om ämnet.
4. Bestäm dig för en tes och välj ut argument som stödjer den.
5. Skriv debattinlägget, utgå från Recept på debattinlägg. Se mönstertexten på sidan 173, med betyg A för ett gott exempel.
6. Ta emot lärares återkoppling.
7. Välj på att arbeta om uppgiften, eller ta med återkopplingen in i nästa uppgift.

一篇關於體育課的報導文，內容說明雖然瑞典學校鼓勵男女學生共同上體育課，但是和運動有關的性別成見（例如女生不踢足球，男生不練體操）仍然非常普遍。
（圖片來源：瑞典文課本，Eklund, C., & Rösåsen, I. (2018). *Formativ svenska 2*. Stockholm: Liber AB.）

一篇關於 1970 ～ 1990 年代女性樂團的畢業論文。論文中分析女性樂團歌曲的歌詞，探討當時女性樂團的形象和訴求。

（圖片來源：瑞典文課本，Sahlin, P. & Stensson, H. (2015). *Fixa genren*. (2. uppl.) Stockholm: Natur & Kultur.）

電影裡的女性角色說了什麼？

在文學部分，不同時代背景的文學戲劇作品中，往往能看到性別角色定位和地位的變遷。在電影分野，有一個著名的「貝克德爾測試」，一部電影必須要具備下列三個條件才能通過測試：

1. 電影中有兩個以上女性角色（必須是有名字的角色）。
2. 女性角色在電影中曾互相交談。
3. 談論的內容和男性無關。

貝克德爾測試法從一九八〇年代開始受到關注和應用，在這之前，探討電影中角色性別的研究多把焦點放在男女性角色的數量上，而貝克德爾測試法則更關心女性敘事的「深度」。綜觀幾十年來的熱門影片，會發現直到今天，無法通過此測驗的電影還是出乎意料地多。幾乎所有電影都有兩個以上男性角色，他們交談的內容也多半和女性無關，這似乎是再自然不過的事，但是把性別對調，情況卻會大大不同，究竟為什麼會這樣呢？

在瑞典某些電影院或是電影台看電影的時候，電影簡介裡除了一般常見的年齡分級標示之外，也找得到是否通過貝克德爾測試的「認證標誌」。

全世界都愛聽灰姑娘的故事

有魔法的器物、惡人得到惡報、女孩嫁給王子……在我們從小聽得津津有味的童話故事和民間傳說裡，常常出現以上這些故事環節。為什麼這些環節這麼吸引人？為什麼在不同時代不同地域的故事中，會出現類似的環節？

「民俗學」是一個文學和人類學交疊的領域，民俗學者以人類的習俗、信仰和民間故事為主要研究對象，他們蒐集並比對世界各地傳說和童話，常常發現耐人尋味的現象。

十九世紀末，民俗學者就發現某些故事環節無論在哪個時代、地點都膾炙人口，例如你我都熟悉的「灰姑娘」童話，其中被欺侮的孤女、有魔法的助手、以鞋子尋人、女孩嫁給王子等等環節，不約而同地出現在世界各地的民間故事裡，從古希臘、中國（參考唐代段成式的筆記小說《葉限》）到東南亞，此類故事當中出現多處雷同的橋段，讓人很難相信是一種巧合。

當時很多民俗學者相信這些故事是從一個「源頭」開始不斷擴散和演化。於是在二十世紀初，開始有民俗學者把各地民間故事的「環節」做大規模的分析和歸類，並且做成索引系統，這樣一來，就可以更容易地進行交叉比對，追溯一個故事的源頭。

一九五一年，瑞典民俗學家茹斯（Anna Birgitta Rooth）比對了世界各地七百多種灰姑娘的類型故事，在廣大的歐亞大陸上整理出幾個「灰姑娘故事圈」。與其把焦點放在找出「源頭」上，她對不同文化圈對灰姑娘故事的詮釋和文化圈之間的關係更有興趣。

灰姑娘的故事也許是來自一個源頭，也許是在世界各地自然發生，趨同演化，無論如何，我們都不能否認這個故事對人類具有難以抗拒的吸引力。看到一個命運坎坷、遭到壓迫的善良女孩，人們都希望她能獲得好的結果，而對女孩來說最好的結果，莫過於嫁給法老、王子或是顯赫人家，得到好歸宿。可憐女孩獲得男主角青睞，遺落鞋子或其他物件，被動等待男主角的尋找和救援。這些在不同地域、時代、種族文化中都行得通的情節，透露出人性都具有追求正義和美好的想望，而這些想望在普遍的父系傳統下，也被塑造成相似的模樣。

延伸思考例題

1. 在你正在學習、或是學習過的國文課本裡，有幾位男性作者的作品？幾位女性作者的作品？男性作者和女性作者在寫作主題和訊息上有什麼異同？

2. 你今年看了哪些電影？這些電影當中，有幾部能通過「貝克德爾測試」？

3. 二〇〇七年，雅虎奇摩線上字典的用戶發現，他們打入「賠錢貨」三個字，得到的翻譯竟是「daughter 女兒」，在當時引起不少爭議。在我們每天使用的語言中，有很多字面上看不出來，涵義卻偏向某一性別的詞彙，比方說香火、貞節等。你還能想到更多類似的詞嗎？

4. 為什麼同樣是 marry- 結婚，在中文裡分成「嫁」和「娶」呢？

在本書第八章也提到，漢語的親戚稱謂當中，祖父母分為「內」、「外」；父母的兄弟姊妹分為「伯」、「叔」、「姑」、「姨」；他們的子女又分為「堂」和「表」。這些區分的來源和目的是什麼？你贊不贊成把這些區分取消或是簡化？

belle vue 33

上一堂思辨國文課

瑞典扎根民主的語文素養教育

作　　者　吳媛媛
總 編 輯　曹　慧
主　　編　曹　慧
美術設計　ayenworkshop
內頁排版　楊思思
行銷企畫　林芳如
出　　版　奇光出版／遠足文化事業股份有限公司
E-mail: lumieres@bookrep.com.tw
粉絲團：https://www.facebook.com/lumierespublishing
發　　行　遠足文化事業股份有限公司（讀書共和國出版集團）
http://www.bookrep.com.tw
23141新北市新店區民權路108-4號8樓
電　　話：(02) 22181417
郵撥帳號：19504465　戶名：遠足文化事業股份有限公司
法律顧問　華洋法律事務所　蘇文生律師
印　　製　呈靖彩藝有限公司
初版一刷　2022年4月
初版二刷　2024年5月30日
定　　價　360元
I S B N　978-626-95469-7-8　書號：1LBV0033
978-626-9584505（EPUB）
978-626-9584512（PDF）

國家圖書館出版品預行編目（CIP）資料

上一堂思辨國文課：瑞典扎根民主的語文素養教育/吳媛媛著. -- 初版. -- 新北市：奇光出版：遠足文化事業股份有限公司發行, 2024.05
面；　公分
ISBN 978-626-95469-6-1（平裝）

1. CST：語文教學　2. CST：中等教育　3. CST：比較研究
4. CST：瑞典　5. CST：台灣

524.31　　111002565

線上讀者回函